열정으로 가득한 초심자의 마음가짐으로,
독자님과 함께 커가는 지식의 나무가 되겠습니다.

열정 100% 씨앤톡

이것만 알면 통한다

한자능력 검정시험

6급·6급Ⅱ

이것만 **알**면 **통**한다
한자능력검정시험 6급·6Ⅱ

초판 발행	2010년 04월 19일
초판 16쇄	2024년 03월 20일
발행인	이재현
발행처	리틀씨앤톡
편저	편집부
등록일자	2022년 9월 23일
등록번호	제 2022-000106호
ISBN	978-89-6098-111-9 (13710)
주소	경기도 파주시 문발로 405 제2출판단지 활자마을
홈페이지	www.seentalk.co.kr
전화	02-338-0092
팩스	02-338-0097

ⓒ2010, 씨앤톡 See&Talk

- 본 책은 저작권법에 의해 보호를 받는 저작물이므로 무단 전재와 복제를 금합니다.
- KC마크는 이 제품이 공통안전기준에 적합하였음을 의미합니다.

KC	모델명	이것만 알면 통한다 한자능력검정시험 6·6Ⅱ	제조년월	2024. 03. 20.	제조자명	리틀씨앤톡	제조국명	대한민국
	주소	경기도 파주시 문발로 405 제2출판단지 활자마을	전화번호	02-338-0092	사용연령	7세 이상		

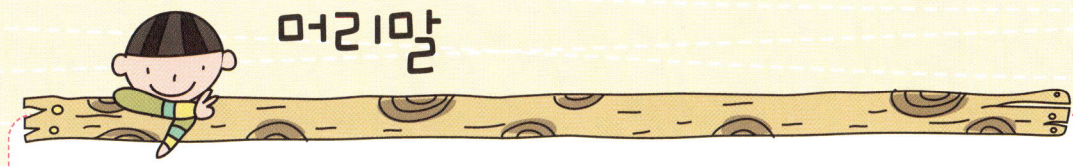

머리말

우리말의 70%는 한자어입니다. 여러분 자신도 모르게 이미 많은 한자어를 알고, 일상생활에서 활용하고 있을 것입니다.

부모, 형제, 우정, 학교, 교실, 시험, 기차, 비행기

이 중에서 여러분이 모르는 단어가 있습니까? 위의 단어들은 모두 한자로 이루어진 한자어입니다. 한자를 공부해 본 적이 없다고 해도 이미 많은 한자어들의 뜻을 알고, 말하고 있습니다. 그만큼 한자는 우리의 언어생활에 있어 빠질 수 없는 중요한 문자입니다. 지금 여러분이 공부하는 한자는 단순히 시험 합격을 위한 것에 그치지 않고, 어휘력이 향상되어 언어생활도 더욱 풍부해집니다.

6급, 6급Ⅱ 배정한자는 쓰기도 간단하고, 일상생활에서 많이 쓰는 한자입니다. 이 책은 처음 한자를 배우고 익히는 여러분들이 보다 쉽고 재미있게 한자를 공부할 수 있도록 구성하였습니다. 한자의 뜻을 주제별로 나눠서 서로 연관이 있는 한자를 함께 익힐 수 있습니다. 한자를 소리 내서 읽고, 여러 번 써 보십시오. 한자를 바르고 예쁘게 쓸 수 있는 순서를 따라서 한 자씩 써나가다 보면 어느새 많은 한자들을 읽고 쓸 수 있을 것입니다.

지금 배우고 익히는 기초한자는 상위등급의 한자시험에도 계속 출제가 됩니다. 이 책으로 기초를 확실히 다지시고, 한자 학습을 꾸준히 해나가시길 바랍니다. 여러분들의 한자 학습과 수험서로 좋은 동반자가 되기를 바라며 합격을 기원합니다.

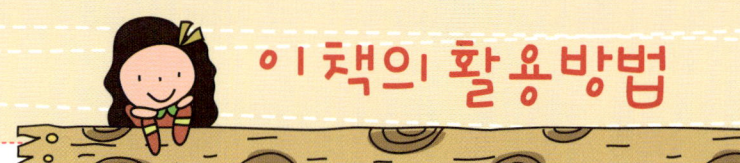

이 책의 활용방법

한자 형성의 기본 원리, 부수, 한자를 쓰는 순서에 대한 원칙을 먼저 학습하도록 했습니다. 6급과 6급Ⅱ 배정한자 300자의 뜻을 주제별로 분류하여 서로 연관이 있는 한자들을 같이 익히도록 했습니다. 또한 확인학습을 통해서 학습내용을 확인합니다.

● 배정한자

- **훈음, 부수, 총획수** : 한자의 기본 구성인 훈과 음, 부수, 총획수를 명확하게 기재했습니다.
- **반의자, 동의자, 비슷한 한자** : 해당 한자의 뜻과 반대되는 반의자, 뜻이 같거나 유사한 동의자, 한자의 모양이 비슷한 한자를 함께 실어 심화학습을 돕습니다.
- **한자해설**: 한자의 형성 원리, 한자를 구성하는 부분 한자들의 뜻을 풀이하는 해설로 쉽게 이해할 수 있도록 했습니다.
- **출제단어**: 시험에 출제된 단어들 위주로 구성하였으며, 일상생활에 많이 쓰이는 한자어입니다.
- **빈칸 채우기**: 배운 한자를 문장 속에서 활용하고, 어휘력을 향상시키기 위한 심화학습 문제입니다.
- **배정한자 따라 쓰기**: 한자쓰기는 한자 암기의 좋은 방법입니다. 한자를 외우면서 바로 써볼 수 있도록 한 페이지 안에 따라 쓰기 칸을 넣었습니다.

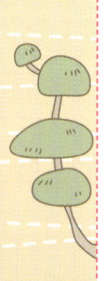

● 유형별 한자 학습

한자의 뜻이 비슷한 유의자, 반대되는 반의자, 독음은 같지만 뜻이 다른 동음이의어, 6급 수준에 맞춘 사자성어를 정리했습니다. 6급 시험에 유익한 유형별 한자 학습입니다.

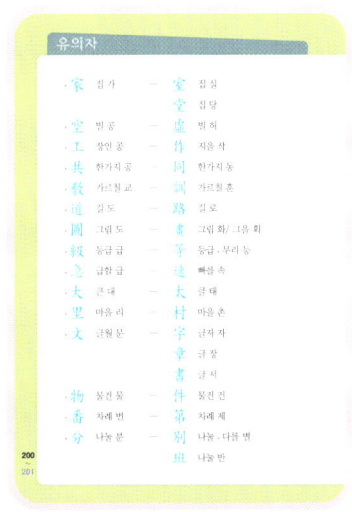

● 실전 모의고사

시험에 나오는 유형에 따라 6급Ⅱ 모의고사 1회, 6급 모의고사 2회를 수록하였습니다. 실제 시험을 보는 것처럼 뒷면에 있는 답안지에 답안을 작성해보십시오.

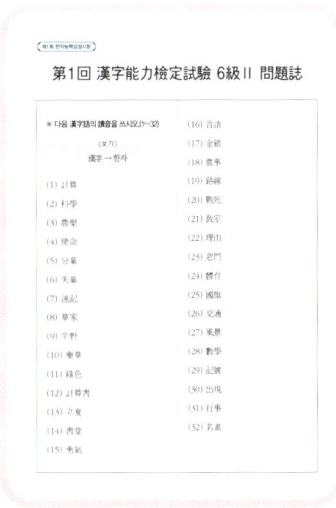

목차

- 한자능력검정시험 안내 　　7
- 한자의 육서 　　10
- 한자의 부수 　　12
- 한자의 필순 　　14
- 배정한자 미리보기 　　17
- 배정한자 익히기 　　29
- 확인학습 정답 　　196
- 유형별 한자 학습 　　199
- 6급Ⅱ 실전 모의고사 1회 　　215
- 6급 실전 모의고사 1회 　　219
- 6급 실전 모의고사 2회 　　223
- 실전 모의고사 답안지 　　227
- 실전 모의고사 정답 　　233

한자능력검정시험이란

사단법인 한국어문회가 주관하고 한국한자능력검정회가 시행하는 한자능력 측정시험입니다. 매년 4회의 시험을 실시하고 있습니다. 8급에서 4급까지는 교육급수로 하고, 3급Ⅱ에서 1급까지는 공인급수로 구분하며, 일반적으로 초등학교에 1,000자, 중고등학교에 1,000자, 대학교에 1,500자를 배정하여 총 3,500자에 이릅니다.

 시험에 합격한 초, 중, 고 재학생은 그 내용이 수행평가 및 생활기록부에 등재되고, 대학 수시 모집 및 특기자 전형지원, 대입 면접 가산, 학점 반영, 졸업 인증 등의 혜택이 주어집니다. 기업체에서는 입사, 승진, 인사고과 등에 반영됩니다.

 합격기준

구분	8급	7급	6급Ⅱ	6급	5급	4급Ⅱ	4급	3급Ⅱ	3급	2급	1급
총문항수	50	70	80	90	100	100	100	150	150	150	200
시험시간	50분	50분	50분	50분	50분	50분	50분	60분	60분	60분	90분
합격점	35	49	56	63	70	70	70	105	105	105	160

※ 응시자는 시험 시작 20분 전까지는 고사실에 입실하셔야 하며, 동반자는 20분전까지 고사장 밖으로 퇴장하셔야 합니다. 답안 작성이 완료된 분은 언제든 퇴실이 가능합니다.

 출제기준

구분	1급	2급	3급	3급Ⅱ	4급	4급Ⅱ	5급	6급	6급Ⅱ	7급	8급
독음	50	45	45	45	32	35	35	33	32	32	24
한자쓰기	40	30	30	30	20	20	20	20	10	0	0
훈음	32	27	27	27	22	22	23	22	29	30	24
완성형	15	10	10	10	5	5	4	3	2	2	0
반의어	10	10	10	10	3	3	3	3	2	2	0
뜻풀이	10	5	5	5	3	3	3	2	2	2	0
동음이의어	10	5	5	5	3	3	3	2	0	0	0
부수	10	5	5	5	3	3	0	0	0	0	0
동의어	10	5	5	5	3	3	3	2	0	0	0
장단음	10	5	5	5	3	0	0	0	0	0	0
약자	3	3	3	3	3	3	3	0	0	0	0
필순	0	0	0	0	0	0	3	3	3	2	2
출제문항	200	150	150	150	100	100	100	90	80	70	50

 급수 배정

구분	급수	읽기 한자	쓰기 한자	수준 및 특성
교육 급수	8급	50	-	한자 공부를 처음 시작하는 분을 위한 초급 단계
	7급	150	-	미취학생 또는 초등학생의 학습 동기 부여를 위한 급수
	6급Ⅱ	300	50	한자 쓰기를 처음 시작하는 급수
	6급	300	150	기초 한자 쓰기를 시작하는 급수
	5급	500	300	학습용 한자 쓰기를 시작하는 급수
	4급Ⅱ	750	400	5급과 4급의 격차를 해소하기 위한 급수
	4급	1000	500	초급에서 중급으로 올라가는 급수
공인 급수	3급Ⅱ	1500	750	4급과 3급의 격차를 해소하기 위한 급수
	3급	1817	1000	신문 또는 일반 교양어를 읽을 수 있는 수준
	2급	2355	1817	상용한자 외에 인명·지명용 한자를 활용할 수 있는 수준
	1급	3500	2005	국한 혼용문을 불편 없이 읽고 한문 원전을 공부할 수 있는 수준

※ 상위 급수 한자는 하위 급수 한자를 모두 포함하고 있습니다. 쓰기 배정한자는 한두 급수 아래의 읽기 배정한자이거나 그 범위 내에 있습니다.

✤ 상세한 시험 안내는 한국어문회 홈페이지(www.hanja.re.kr)를 참조하십시오.

한자의 육서

육서는 한자를 만든 여섯 가지의 원리를 말한다. 그 여섯 가지 원리는 상형, 지사, 회의, 형성, 전주와 가차의 방법이다.

상형(象形) – 사물의 모양을 본떠서 만든 글자이다.

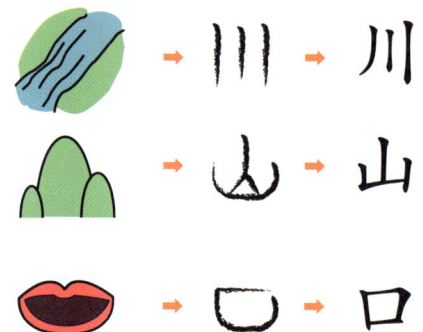

지사(指事) – 그림으로 표현하기 힘든 내용을 선과 점 등을 이용하여 나타낸 글자이다.

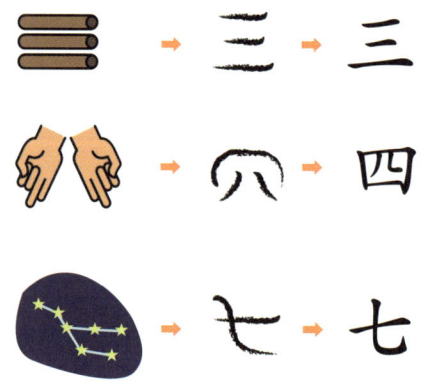

회의(會意) – 두 개 이상의 글자가 뜻으로 합쳐져 새로운 뜻이 된 글자이다.

力(힘 력) + 口(입 구) → 加(더할 가)

門(문 문) + 日(날 일) → 間(사이 간)

형성(形聲) – 뜻 부분과 음 부분이 합쳐져서 새롭게 만들어진 글자이다.

雨(비 우) + 相(서로 상) → 霜(서리 상)

木(나무 목) + 同(한가지 동) → 桐(오동나무 동)

전주(轉注) – 글자의 뜻이 바뀌어 다른 뜻으로 변한 것으로 의미가 확대, 유추된 경우이다.

樂
- 즐길 락: 娛樂(오락)
- 노래 악: 音樂(음악)
- 좋아할 요: 樂山樂水(요산요수)

가차(假借) – 의미는 상관없이 소리가 비슷한 한자를 빌려서 나타낸 글자이다.

이탈리아(Italia) → 伊太利(이태리)

한자의 부수

변 글자의 왼쪽에 위치한 부수를 '변'이라 한다.

亻 (사람인변) : 仁(어질 인), 仙(신선 선), 仕(섬길 사)
彳 (두인변) : 後(뒤 후), 徑(지름길 경), 很(어길 흔)
忄 (심방변) : 情(뜻 정), 性(성품 성), 惟(생각할 유)

방 글자의 오른쪽에 위치한 부수를 '방'이라 한다.

刂 (칼도방) : 利(이로울 리), 劍(칼 검), 刻(새길 각)
卩 (병부절방) : 卯(토끼 묘), 印(도장 인), 卵(알 란)
阝 (우부방) : 部(떼 부), 邦(나라 방), 邱(땅이름 구)

머리 글자의 위쪽에 위치한 부수를 '머리'라고 한다.

冖 (민갓머리) : 冠(갓 관), 冥(어두울 명), 冢(무덤 총)
亠 (돼지해머리) : 亡(망할 망), 交(사귈 교), 京(서울 경)
艹 (초두머리) : 草(풀 초), 芒(가시랭이 망), 芳(꽃다울 방)

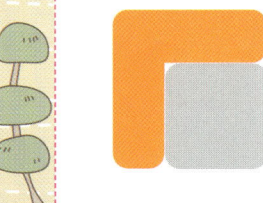

엄 글자의 위에서 왼쪽 아래까지의 부수를 '엄'이라 한다.

尸 (주검시엄) : 屍(주검 시), 尺(자 척), 局(판 국)
广 (집엄) : 店(가게 점), 底(밑 저), 座(자리 좌)
厂 (민엄호) : 厄(재앙 액), 原(언덕 원), 厭(싫을 염)

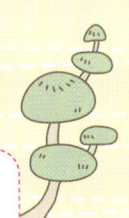

발 글자의 아래 부분에 위치한 부수를 '발'이라 한다.

儿(어진사람인발) : 兄(형 형), 允(진실로 윤), 光(빛 광)
灬(연화발) : 熱(더울 열), 無(없을 무), 焦(그을 초)

책받침 글자의 왼쪽에서 아래로 걸친 부수를 '책받침'이라 한다.

辶(갖은책받침) : 道(길 도), 過(지날 과), 近(가까울 근)
廴(민책받침) : 延(늘일 연), 建(세울 건), 廷(조정 정)

몸 글자 전체를 에워싸는 부수를 '몸'이라 한다.

凵(위튼입구몸) : 凶(흉할 흉), 凹(오목할 요), 出(날 출)
匚(터진입구몸) : 區(구역 구), 匠(장인 장), 匱(함 궤)

제부수 글자 자체가 부수인 것을 '제부수'라고 한다.

生(날 생), 父(아비 부), 金(쇠 금), 竹(대 죽), 食(밥 식),
音(소리 음), 牛(소 우) 등.

한자의 필순

한자의 필순은 반드시 이대로 써야 하는 엄격한 규정이 있는 것은 아니다. 오랫동안 사람들이 한자를 쓰면서 보다 쓰기 편하고, 글자의 균형미를 살려주는 규칙을 만들어 온 것이다. 일반적으로 널리 쓰이는 필순의 원칙을 알아보자.

1 위에서 아래로 쓴다.

工 工 工

2 왼쪽에서 오른쪽으로 쓴다.

3 둘러싼 밖을 먼저, 안을 나중에 쓴다.

田 田 田 田 田

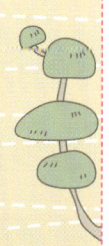

4 내려 긋는 획을 먼저, 삐침을 나중에 쓴다.

小 小 小

5 왼쪽 삐침을 먼저 쓴다.

① 좌우에 삐침이 있을 경우

赤 赤 赤 赤 赤 赤 赤

② 삐침 사이에 세로획이 없는 경우

六 六 六 六

6 세로획을 나중에 쓴다.

甲 甲 甲 甲 甲

7 가로 꿰뚫는 획은 나중에 쓴다.

子 了 子

8 오른쪽 위의 점은 나중에 찍는다.

犬 犬 犬 犬

9 책받침은 나중에 쓴다.

近 近 近 近 近 近

近 近

10 가로획과 세로획이 교차하는 경우 가로획을 먼저 쓴다.

8급용 배정한자

校 학교 교	敎 가르칠 교	九 아홉 구	國 나라 국	軍 군사 군
金 쇠 금/성 김	南 남녘 남	女 계집 녀	年 해 년	大 큰 대
東 동녘 동	六 여섯 륙	萬 일만 만	母 어머니 모	木 나무 목
門 문 문	民 백성 민	白 흰 백	父 아버지 부	北 북녘 북 / 달아날 배
四 넉 사	山 메 산	三 석 삼	生 날 생	西 서녘 서

先 먼저 선	小 작을 소	水 물 수	室 집·방 실	十 열 십
五 다섯 오	王 임금 왕	外 바깥 외	月 달 월	二 두 이
人 사람 인	一 한 일	日 날 일	長 긴 장	弟 아우 제
中 가운데 중	青 푸를 청	寸 마디 촌	七 일곱 칠	土 흙 토
八 여덟 팔	學 배울 학	韓 한국·나라 한	兄 형 형	火 불 화

 7급용 배정한자

家 집 가	歌 노래 가	間 사이 간	江 강 강	車 수레 거·차
工 장인 공	空 빌 공	口 입 구	記 기록할 기	氣 기운 기
旗 기 기	男 사내 남	內 안 내	農 농사 농	答 대답 답
道 길 도	冬 겨울 동	洞 골 동/밝을 통	動 움직일 동	同 한가지 동
登 오를 등	來 올 래	力 힘 력	老 늙을 로	里 마을 리

林 수풀 림	立 설 립	每 매양 매	面 낯 면	名 이름 명
命 목숨 명	文 글월 문	問 물을 문	物 물건 물	方 모 방
百 일백 백	夫 지아비 부	不 아닐 불·부	事 일 사	算 셈 산
上 윗 상	色 빛 색	夕 저녁 석	姓 성씨 성	世 인간·세대 세
少 적을 소	所 바 소	手 손 수	數 셈 수	市 저자 시

時	食	植	心	安
때 시	밥·먹을 식	심을 식	마음 심	편안 안

語	然	午	右	有
말씀 어	그럴 연	낮 오	오른쪽 우	있을 유

育	邑	入	子	字
기를 육	고을 읍	들 입	아들 자	글자 자

自	場	全	前	電
스스로 자	마당 장	온전 전	앞 전	번개 전

正	祖	足	左	主
바를 정	할아버지 조	발 족	왼 좌	임금·주인 주

住 살주	重 무거울중	地 땅지	紙 종이지	直 곧을직
千 일천천	川 내천	天 하늘천	草 풀초	村 마을촌
秋 가을추	春 봄춘	出 날출	便 편할편 / 똥오줌변	平 평평할평
下 아래하	夏 여름하	漢 한수·한나라한	海 바다해	花 꽃화
話 말씀화	活 살활	孝 효도효	後 뒤후	休 쉴휴

6급용 배정한자

各 각각 각	角 뿔 각	感 느낄 감	強 강할 강	開 열 개
京 서울 경	界 지경 계	計 셀 계	古 예 고	苦 쓸 고
高 높을 고	共 한가지 공	公 공평할 공	功 공 공	果 실과·열매 과
科 과목 과	光 빛 광	交 사귈 교	區 구분할·지경 구	球 공 구
郡 고을 군	近 가까울 근	根 뿌리 근	今 이제 금	級 등급 급

| 急 급할 급 | 多 많을 다 | 短 짧을 단 | 堂 집 당 | 代 대신할 대 |

| 對 대할 대 | 待 기다릴 대 | 圖 그림 도 | 度 법도 도 / 헤아릴 탁 | 讀 읽을 독 / 구절 두 |

| 童 아이 동 | 頭 머리 두 | 等 무리 등 | 樂 즐길 락 / 노래 악 / 좋아할 요 | 例 법식 례 |

| 禮 예도 례 | 路 길 로 | 綠 푸를 록 | 利 이로울 리 | 李 오얏·성 리 |

| 理 다스릴 리 | 明 밝을 명 | 目 눈 목 | 聞 들을 문 | 米 쌀 미 |

美	朴	反	半	班
아름다울 미	순박할·성 박	돌이킬·돌아올 반	반 반	나눌 반
發	放	番	別	病
쏠·필 발	놓을 방	차례 번	나눌·다를 별	병 병
服	本	部	分	使
옷 복	근본 본	떼·거느릴 부	나눌 분	하여금·부릴 사
社	死	書	席	石
모일 사	죽을 사	글 서	자리 석	돌 석
線	雪	成	省	消
줄 선	눈 설	이룰 성	살필 성/덜 생	사라질 소

速 빠를 속	孫 손자 손	樹 나무 수	術 재주 술	習 익힐 습
勝 이길 승	始 비로소 시	式 법 식	神 귀신 신	信 믿을 신
新 새 신	身 몸 신	失 잃을 실	愛 사랑 애	夜 밤 야
野 들 야	弱 약할 약	藥 약 약	陽 볕 양	洋 큰바다 양
言 말씀 언	業 업 업	永 길 영	英 꽃부리 영	溫 따뜻할 온

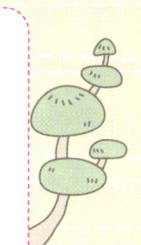

用 쓸 용	勇 날랠 용	運 옮길 운	園 동산 원	遠 멀 원
由 말미암을 유	油 기름 유	銀 은 은	音 소리 음	飮 마실 음
衣 옷 의	意 뜻 의	醫 의원 의	者 놈 자	作 지을 작
昨 어제 작	章 글 장	在 있을 재	才 재주 재	戰 싸움 전
定 정할 정	庭 뜰 정	第 차례 제	題 제목 제	朝 아침 조

族 겨레 족	注 부을 주	晝 낮 주	集 모을 집	窓 창 창
淸 맑을 청	體 몸 체	親 친할 친	太 클 태	通 통할 통
特 특별할 특	表 겉 표	風 바람 풍	合 합할 합	行 다닐 행 / 항렬 항
幸 다행 행	向 향할 향	現 나타날 현	形 모양 형	號 이름 호
和 화할 화	畫 그림 화 / 그을 획	黃 누를 황	會 모일 회	訓 가르칠 훈

배정한자 익히기

자연	30
방향	48
장소	55
숫자	68
시간	78
사물	89
신체	96
사람	103
감정	113
상태	122
동작	145
기타	176

> 자연

7급

天

하늘 천

사람(大)의 머리 위에 있는 허공(一)은 **하늘**이다.

동의자 乾하늘 건
반의자 地땅 지

총 4획 부 大   天 天 天 天

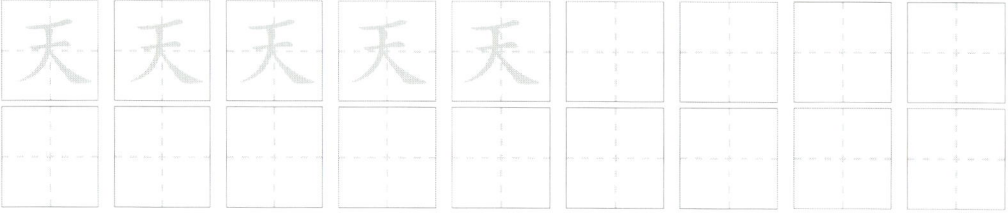

출제 단어
天下(천하) : 하늘 아래의 온 세상.
天氣(천기) : 하늘의 기상.

빈칸 채우기
우리 형은 모르는 게 없는 ＿＿才(천재)다.
이 사실을 알고 있는 사람은 ＿＿地(천지)간에 우리 둘 뿐이다.

7급

地

땅 지

땅(土)의 구불구불한 모양을 본뜬(也) 글자이다.

반의자 天하늘 천

총 6획 부 土   地 地 地 地 地 地

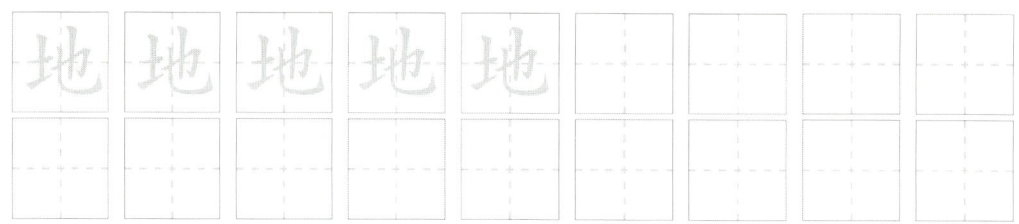

출제 단어
土地(토지) : 터. 영토.
天地(천지) : 하늘과 땅. 우주.

빈칸 채우기
우리가 살고 있는 ＿＿球(지구)를 더 사랑하자.
지난 주말에 ＿＿下鐵(지하철)을 타고 할머니 댁에 다녀왔다.

☐ 8급

日
날 일

해의 모양을 본뜬 글자로 하루의 뜻으로 쓰인다.

비슷한 한자
月 달 월

총 4획 부 日   ｜ 冂 日 日

출제 단어
每日(매일) : 하루하루의 모든 날.
日記(일기) : 자기의 생각을 솔직하게 적는 글.

빈칸 채우기
한국과 ____本(일본)과의 축구경기에서 한국이 1대 0으로 이겼다.
자기 전에 ____記(일기)를 꼭 써야 한다.

☐ 8급

月
달 월

달의 모양을 본뜬 글자이다.

총 4획 부 月   ノ 冂 月 月

출제 단어
月出(월출) : 달이 솟아오름.
月下(월하) : 달빛 아래.

빈칸 채우기
도서관은 每____(매월) 둘째 주 월요일에 문을 닫는다.
正____(정월)대보름 밤에 달을 보면서 소원을 빌었다.

> 자연

☐ 6급

빛 **광**

어진 사람(儿)은 불빛(火)과 같이 밝다.

총 6획 부 儿   光 光 光 光 光 光

출제단어
光明(광명) : 밝은 빛. 밝고 환함.
陽光(양광) : 봄날의 따뜻한 햇볕.

빈칸채우기
觀____(관광)버스를 타고 수학여행을 갔다.
이런 큰 상을 받게 되어 榮____(영광)이다.

☐ 6급

볕 **양**

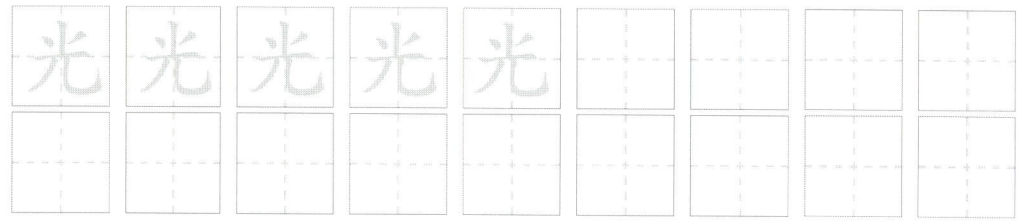

절벽(阝)에서 온화한 해(昜)가 비추고 있는 것에서 볕을 의미한다.

동의자	반의자	비슷한 한자
景볕 경	陰그늘 음	揚날릴 양

총 12획 부 阝

출제단어
陽地(양지) : 햇볕이 바로 드는 곳.
太陽(태양) : 태양계의 중심이 되는 별.

빈칸채우기
太____(태양)을 피하기 위해 선글라스를 썼다.
내 생일은 ____曆(양력) 7월 27일이다.

☐ 8급

물 **수**

물이 흐르는 모양을 본뜬 글자이다.

총 4획 부 水   丁 가 水 水

출제 단어
山水(산수) : 산과 물, 자연의 산천을 일컫는 말.
水路(수로) : 물을 보내는 통로.

빈칸 채우기
깊은 바다에서 ____泳(수영)하는 것은 위험하다.
우리 동네에는 커다란 湖____(호수)가 있다.

☐ 8급

불 **화**

불이 타오르고 있는 모양을 본뜬 글자이다.

총 4획 부 火   丶 丷 火 火

출제 단어
火力(화력) : 불의 힘.
火山(화산) : 땅속에 있는 가스가 지표로 분출하여 생긴 구조.

빈칸 채우기
소방 훈련 시간에 消____器(소화기) 사용법을 배웠다.
한라산은 예전에 ____山(화산) 폭발이 있었던 산이다.

> 자연

7급

강 **강**

물(氵)이 고여 만들어진(工) 것이 **강**이나 큰 냇물이다.

반의자
山메 산

총 6획 부 氵 江 江 江 江 江 江

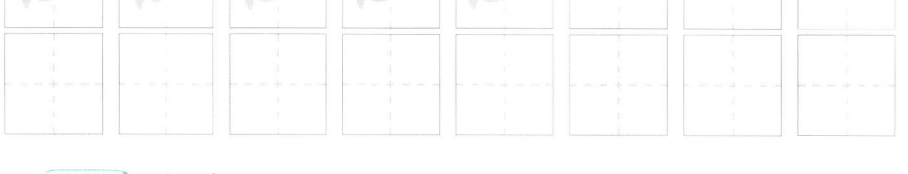

출제 단어
江山(강산) : 강과 산.
江村(강촌) : 강가의 마을.

빈칸 채우기
漢＿＿＿(한강)은 서울을 지나 서해로 흘러간다.
아름다운 우리 ＿＿＿山(강산)을 더욱 푸르게 가꾸자.

7급

내 **천**

강물이 흐르는 모양을 나타낸 글자로 **내**의 뜻이 있다.

비슷한 한자
州 고을 주

총 3획 부 川  川 川 川

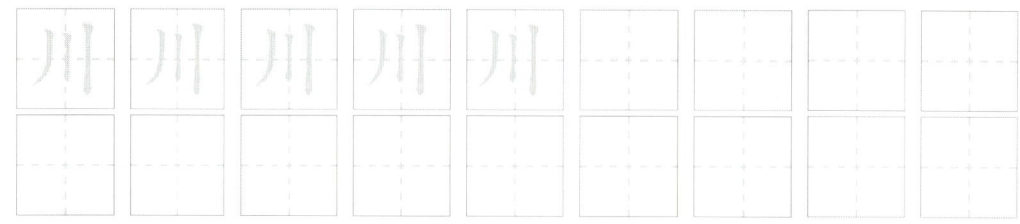

출제 단어
山川(산천) : 산과 내를 아울러 이르는 말.
河川(하천) : 강과 시내를 아울러 이르는 말.

빈칸 채우기
우리 마을에 있는 河＿＿＿(하천)이 심하게 오염되었다.
고향 山＿＿＿(산천)은 온통 푸르고 아름답다.

☐ **7급**

바다 해

물(氵)이 항상(每) 모이는 곳은 넓고 푸른 **바다**이다.

동의자: 洋 큰바다 양
비슷한 한자: 每 매양 매

총 10획 부: 氵   ⺀ ⺀⺀ 汒 汓 沍 海 海 海 海

| 출제 단어 | 海外(해외) : 바다 밖의 다른 나라.
海風(해풍) : 바다에서 육지로 불어오는 바람. |

| 빈칸 채우기 | 매년 ____水面(해수면)이 상승하고 있다.
우리 삼촌은 ____軍(해군)으로 입대했다. |

☐ **6급**

큰바다 양

양(羊) 떼처럼 많은 물(氵)이니 **큰바다**이다.

동의자: 滄 큰바다 창
비슷한 한자: 羊 양 양

총 9획 부: 氵   ⺀ ⺀⺀ 洋 洋 洋 洋 洋 洋

| 출제 단어 | 洋服(양복) : 서양식으로 만든 옷.
海洋(해양) : 넓은 바다. |

| 빈칸 채우기 | 太平____(태평양)은 세계 바다 면적의 반을 차지한다.
홍콩은 東____(동양)과 西____(서양)의 문화가 어우러진 곳이다. |

> 자연

8급

흙 **토**

흙 속에서 싹이 나온 것을 본뜬 글자이다.

동의자
地 땅 지

총 3획 부土

출제단어
黃土(황토) : 누렇고 거무스름한 흙.
本土(본토) : 자기가 사는 고장.

빈칸 채우기
_____ 地(토지)가 비옥하다.
이번 주 _____ 曜日(토요일)은 학교에 가지 않는다.

6급

동산·울타리 **원**

주렁주렁(袁) 열매가 달린 곳을 막은 (口) 것이 울타리이다.

비슷한 한자
圓 둥글 원

총 13획 부口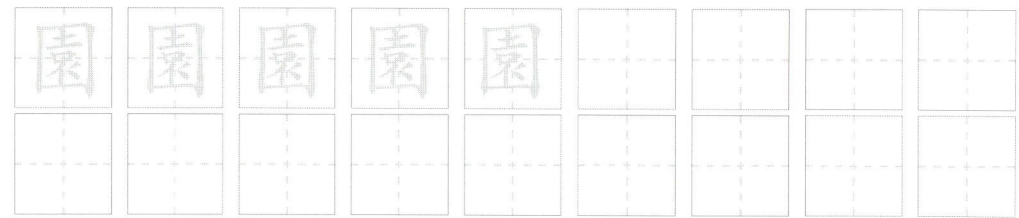

출제단어
庭園(정원) : 집안에 있는 뜰.
樂園(낙원) : 아무런 걱정 없이 살 수 있는 즐거운 곳.

빈칸 채우기
公_____(공원)에는 비둘기가 많다.
지예는 幼稚_____(유치원) 때부터 친한 친구다.

山

8급

메 산

산의 모양을 본뜬 글자이다.

반의자
江 강 강

총 3획 부山   ㅣ 山 山

출제 단어
- 山林(산림) : 산에 있는 숲. 산과 숲.
- 山地(산지) : 들이 적고 산이 많은 지대.

빈칸 채우기
- 金剛____(금강산)도 식후경이다.
- 아버지는 登____(등산)을 즐겨하신다.

野

6급

들 야

마을(里)이 있기 이전(予)에는 평평한 들이었다.

총 11획 부里   野 野 野 野 野 野 野 野 野 野 野

출제 단어
- 野人(야인) : 교양이 없고 거친 사람.
- 平野(평야) : 평평하고 넓은 들.

빈칸 채우기
- ____球場(야구장)에서 경기를 관람하는 것이 더 재미있다.
- 내가 어떤 分____(분야)의 책을 좋아하는지 생각해봤다.

> 자연

8급

나무 목

나무가 서 있는 모양을 본뜬 글자이다.

동의자
樹나무 수

총 4획 부木   一 十 才 木

| 출제 단어 | 木材(목재) : 나무로 된 재료. 재목.
木手(목수) : 나무를 다뤄 집을 짓거나 물건을 만드는 사람. |

| 빈칸 채우기 | 4월 5일은 植＿＿日(식목일)이다.
놀이공원에 가면 회전＿＿馬(목마)는 꼭 타고 온다. |

6급

나무 수

나무(木)를 세우듯이(尌) 몸을 세우다.

동의자
木나무 목

총 16획 부木   樹 樹 木 木 村 桂 桂 桂 桔 桔 梏 桔 樹 樹 樹 樹

| 출제 단어 | 樹立(수립) : 국가나 정부, 제도, 계획 따위를 이룩하여 세움.
植樹(식수) : 나무를 심음. 또는 심은 나무. |

| 빈칸 채우기 | 3.1운동 이후 대한민국 임시정부를 ＿＿立(수립)했다.
봄소풍으로 ＿＿木園(수목원)에 갔다. |

☐ 7급

수풀 **림**

나무(木)와 나무(木)가 겹쳐 있으니 **수풀**이 우거졌다.

비슷한 한자
材 재목 재

총 8획 부木   一 十 十 木 木 朴 材 林

| 출제 단어 | 山林(산림) : 산과 숲.
國有林(국유림) : 나라가 차지하여 관리하는 산림. |

| 빈칸 채우기 | 등산객들이 두고 오는 쓰레기로 山____(산림)이 오염되고 있다.
열대의 原始____(원시림)은 자연 그대로 보존 되어야 한다. |

☐ 7급

풀 **초**

초봄에 일찍(早) 나온 풀(艹)은 거친 **풀**이다.

총 10획 부艹   一 艹 艹 艹 艹 艹 苩 草 草

| 출제 단어 | 草木(초목) : 풀과 나무.
草原(초원) : 풀이 난 들. |

| 빈칸 채우기 | 봄이 오면 ____木(초목)이 무럭무럭 자랄 것이다.
내가 제일 좋아하는 색은 ____綠色(초록색)이다. |

> 자연

6급

뿌리 **근**

나무(木)가 그치지(艮) 않고 자라는 것은 **뿌리**이다.

비슷한 한자
板널 판

총 10획 부木   根根根根根根根根根根

출제 단어
根本(근본) : 초목의 뿌리. 사물의 본질이나 본바탕.
心根(심근) : 마음을 쓰는 태도.

빈칸 채우기
이 문제는 보다 ____本(근본)적인 해결방법이 필요하다.
압록강의 ____源(근원)은 백두산이다.

7급

심을 **식**

나무(木)는 곧게(直) 세워 **심어야** 한다.

동의자
栽심을 재

비슷한 한자
直곧을 직

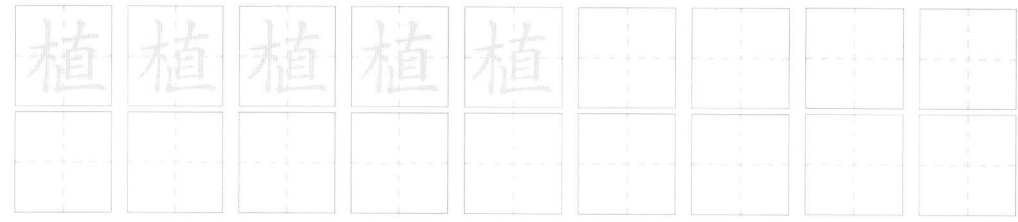

총 12획 부木   植植植植植植植植植植植植

출제 단어
植木(식목) : 나무를 심음. 식수.
植物(식물) : 생물계를 동물계와 구분한 한 부문. 풀 나무.

빈칸 채우기
방학숙제로 ____物(식물)도감을 만들어야 한다.
안구 移____(이식)에 성공하여 그 환자는 빛을 되찾았다.

6급

英
꽃부리 **영**

초목(艹)에서 가장 곱게 보이는 꽃의 중앙(央)이 꽃부리다.

비슷한 한자
莫 없을 막

총 9획 부수 艹   英 英 英 英 苎 苎 苃 英 英

출제 단어
英國(영국) : 유럽 서부 대서양 가운데 있는 입헌 군주국.
英才(영재) : 뛰어난 재주. 또는 그런 사람.

빈칸 채우기
요즘 ＿＿＿語(영어)공부를 하겠다고 유학 가는 친구들이 많다.
우리 아버지는 내 마음속의 ＿＿＿雄(영웅)이다.

7급

꽃 **화**

풀(艹)의 꽃눈이 변화되어(化) 꽃이 된다.

비슷한 한자
化 될 화

총 8획 부수 艹   花 花 花 花 花 花 花 花

출제 단어
花草(화초) : 꽃이 피는 풀과 나무.
國花(국화) : 나라의 상징으로 삼아 중히 여기는 꽃.

빈칸 채우기
마당에 菜松＿＿＿(채송화)가 잘 피었다.
어머니는 집에서 ＿＿＿草(화초)를 가꾸신다.

> 자연

6급

風

바람 **풍**

총 9획 부風

風 凮 凨 凬 凮 凮 凮 凮 凮

| 출제 단어 | 風土(풍토) : 기후와 토지의 상태.
風習(풍습) : 풍속과 습관. |

| 빈칸 채우기 | 창밖 ____景(풍경)이 아름답다.
정원에 ____車(풍차)가 있는 고즈넉한 찻집이다. |

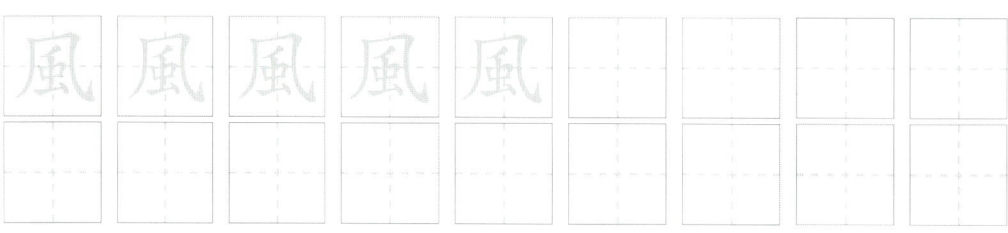

6급

雪

눈 **설**

비(雨)가 얼어서 내리는 것을 손(ヨ)으로 받으니 눈이다.

비슷한 한자
雲 구름 운

총 11획 부雨

雪 雪 雪 雪 雪 雪 雪 雪 雪 雪

| 출제 단어 | 雪景(설경) : 눈이 내리거나 눈이 쌓인 경치.
雪花(설화) : 나뭇가지에 꽃처럼 붙은 눈발. |

| 빈칸 채우기 | 전국적으로 大____(대설)주의보가 내렸다.
____原(설원)은 눈이 덮인 벌판이다. |

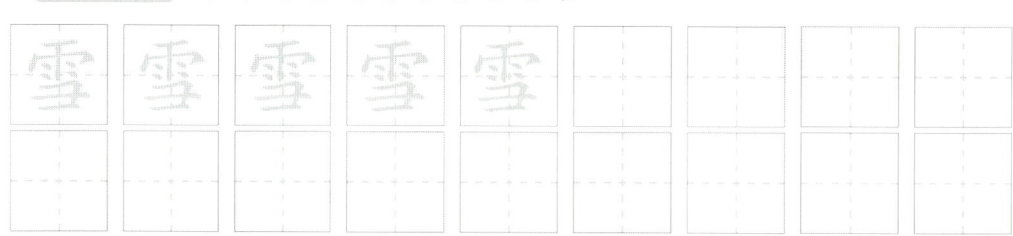

☐ 7급

번개 **전**

비(雨)가 올 때 빛처럼 펴지는(申) 것이 번개이다.

비슷한 한자
雷 우뢰 뢰

총 13획 부雨 一 厂 戸 币 雨 雨 雨 雷 雷 雷 雷 電

출제 단어
電力(전력) : 전류에 의한 동력.
電算(전산) : 전자 계산기.

빈칸 채우기
우리 집에 갑자기 ____氣(전기)가 안 들어왔다.
집에 늦는다고 ____話(전화)를 해야겠다.

☐ 6급

돌 **석**

벼랑 아래에 단단한 돌이 굴러가고 있는 모양을 본뜬 글자이다.

비슷한 한자
右 오른쪽 우

총 5획 부石 一 ア 不 石 石

출제 단어
木石(목석) : 나무와 돌을 아울러 이르는 말.
美石(미석) : 아름다운 돌.

빈칸 채우기
우리나라는 ____油(석유)를 수입하고 있다.
과학시간에 化____(화석)에 대해서 배웠다.

> 자연

6급

쌀 **미**

사방에 점점이 작은 **쌀알**이 흩어져 있는 모양을 본뜬 글자이다.

비슷한 한자
未아닐 미

총 6획 부 米   米 米 米 米 米 米

출제단어
米色(미색) : 겉껍질만 벗겨 낸 쌀의 빛깔과 같이 매우 엷은 노란색.
白米(백미) : 흰 쌀.

빈칸채우기
나는 白____(백미)를 좋아한다.
오빠는 玄____(현미)로 지은 밥을 좋아한다.

6급

실과·열매 **과**

밭(田)에다 나무(木)를 심어 두니 **과실**이 열린다.

동의자
實열매 실

총 8획 부 木   果 果 果 果 果 果 果 果

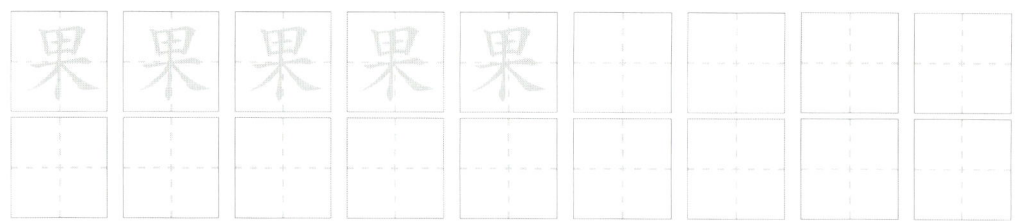

출제단어
靑果(청과) : 신선한 과실과 채소를 통틀어 이르는 말.
百果(백과) : 온갖 과일.

빈칸채우기
이 그림을 보니 그는 ____然(과연) 훌륭한 예술가였다.
올해 회사 경영 成____(성과)가 좋아서 월급을 올려주기로 했다.

☐ 6급

오얏·성 **리**

나무(木)에 열리는 열매(子) 중 가장 귀한 것이 **오얏**이다.

비슷한 한자
季계절 계

총 7획 부木   一十十十木本李李

출제 단어
李花(이화) : 자두나무의 꽃.
李樹(이수) : 오얏나무. 자두나무.

빈칸 채우기
윗집 아저씨 성은 ___氏(이씨)다.
조선 왕조를 ___朝(이조)라고 부르기도 한다.

☐ 6급

기름 **유**

물(氵)로 말미암아(由) 생긴 것이 **기름**이다.

동의자
脂기름 지

비슷한 한자
由말미암을 유

총 8획 부氵   氵氵氵汁沖沖油油

출제 단어
油畵(유화) : 유화구로 그린 서양식의 그림.
油田(유전) : 석유가 나는 지역.

빈칸 채우기
부침개를 부칠 때는 食用___(식용유)를 사용한다.
석유가 나는 지역을 ___田(유전)이라고 한다.

확인학습 1회

※ 다음 漢字의 訓과 音을 쓰시오.(1~10)

> 보기   字 → 글자 자

(1) 米
(2) 風
(3) 園
(4) 根
(5) 地
(6) 洋
(7) 陽
(8) 野
(9) 林
(10) 李

※ 다음 漢字語의 讀音을 쓰시오.(11~16)

> 보기   漢字 → 한자

(11) 光線
(12) 植樹
(13) 英語
(14) 春雪
(15) 石油
(16) 果實

※ 다음 漢字의 讀音을 보고 漢字를 쓰시오.(17~26)

> 보기   봄 춘 → 春

(17) 하늘 천
(18) 강 강
(19) 풀 초
(20) 꽃 화

(21) 심을 식   (22) 바다 해
(23) 땅 지   (24) 번개 전
(25) 나무 수   (26) 오얏 · 성 리

※ 다음 漢字와 음이 같은 漢字를 골라 그 번호를 쓰시오.(27~28)

(27) 花 :   ① 英   ② 火   ③ 月   ④ 海
(28) 陽 :   ① 日   ② 油   ③ 洋   ④ 野

※ 다음 漢字와 뜻이 비슷한 漢字를 골라 그 번호를 쓰시오.(29~30)

(29) 海 :   ① 水   ② 雪   ③ 洋   ④ 江
(30) 樹 :   ① 李   ② 木   ③ 山   ④ 根

※ ㉠획의 쓰는 순서를 아래에서 골라 그 번호를 쓰시오.(31~33)

(31) 光   ① 두번째   ② 네번째   ③ 다섯번째   ④ 여섯번째
(32) 雪   ① 여덟번째   ② 아홉번째   ③ 일곱번째   ④ 다섯번째
(33) 風   ① 여덟번째   ② 일곱번째   ③ 여섯번째   ④ 아홉번째

> 방향

8급
동녘 동

나무(木) 사이로 해(日)가 떠오르는 방향이 **동쪽**이다.

반의자: 西 서녘 서
비슷한 한자: 束 가릴 간 束 묶을 속

총 8획 부 木   東 東 東 東 東 車 東 東

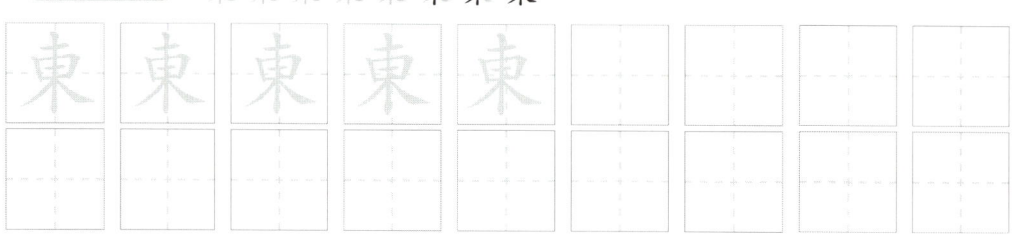

출제 단어
- 東方(동방) : 동녘. 동쪽 지방.
- 東向(동향) : 동쪽을 향함.

빈칸 채우기
- 여름에 ＿＿＿海(동해) 바다로 휴가를 떠난다.
- 옷을 살 때는 ＿＿＿大門(동대문) 시장에 자주 간다.

8급
서녘 서

해질 무렵 새가 둥지를 찾아 앉는 모양으로 **서쪽**의 뜻으로 쓰인다.

반의자: 東 동녘 동
비슷한 한자: 酉 닭 유

총 6획 부 襾   西 西 襾 襾 西 西

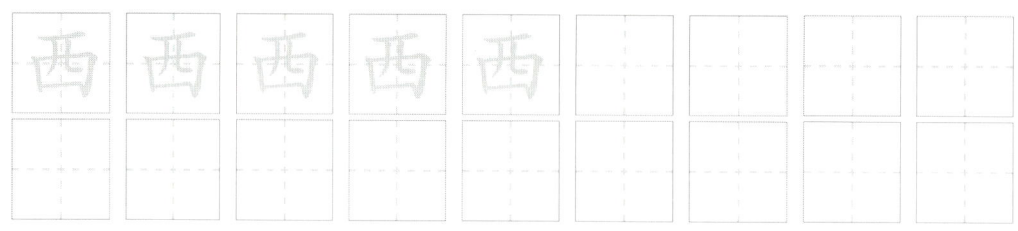

출제 단어
- 西風(서풍) : 서쪽에서 부는 바람.
- 西洋(서양) : 동양이라고 불리는 아시아에 대립되는 유럽을 이르는 말.

빈칸 채우기
- 요즘 젊은이들의 체형이 ＿＿＿歐(서구)적이다.
- ＿＿＿海(서해)바다에서 지는 해를 바라보았다.

☐ 8급

남녘 남

나무(朩)가 멀리(冂) 뻗는 곳은 남쪽이다.

반의자
北북녘 북 / 달아날 배

총 9획 부十   一 十 十 内 内 内 南 南 南

출제 단어
南北(남북) : 남한과 북한.
南山(남산) : 서울에 있는 대표적인 산. 혹은 남쪽에 있는 산.

빈칸 채우기
_____大門(남대문)을 숭례문이라고 한다.
_____山(남산)에 올라가면 야경을 볼 수 있다.

☐ 8급

북녘 북/달아날 배

등을 서로 돌린 사람을 본뜬 글자이다.

동의자   비슷한 한자
敗패할 패   比견줄 비

총 5획 부匕   丨 亅 ㅓ 北 北

출제 단어
對北(대북) : 북쪽 또는 북방에 대함.
北韓(북한) : 한강 이북의 한국.

빈칸 채우기
뉴스를 통해서 _____韓(북한) 주민들의 생활을 알 수 있었다.
한반도는 南_____(남북)으로 나뉘어 있다.

> 방향

7급

안 내

경계(冂) 안으로 들어오니(入) 내국인이다.

반의자
外 바깥 외

총 4획 부入   内 冂 内 内

출제 단어
内科(내과) : 내장의 기능에 탈이 난 병을 고치는 의학 분야.
内面(내면) : 안쪽. 마음.

빈칸 채우기
외모보다 ＿＿＿面(내면)의 아름다움을 추구해야한다.
감기에 걸려서 엄마와 함께 ＿＿＿科(내과)에 갔다.

8급

바깥 외

저녁(夕)에 점(卜)을 치기 위해 집 밖으로 나간다.

반의자
内 안 내

총 5획 부夕   外 夕 夕 外 外

출제 단어
外交(외교) : 일을 하기 위하여 밖의 사람과 교제함.
外國(외국) : 자기 나라 밖의 딴 나라.

빈칸 채우기
이 사실을 ＿＿＿部(외부)에 알려서는 안 된다.
우리 동네에는 ＿＿＿國人(외국인)들이 많이 살고 있다.

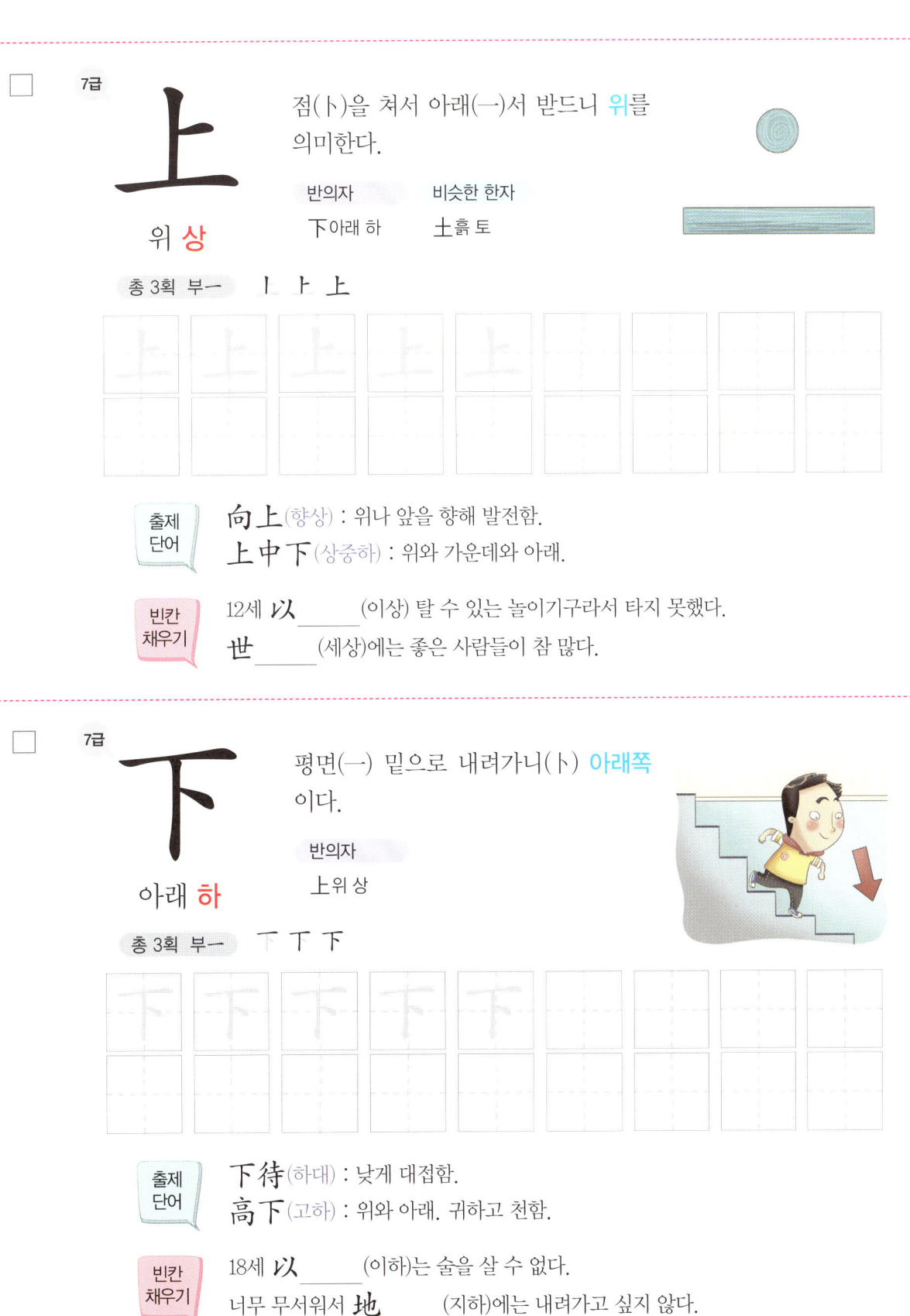

上

7급

위 **상**

점(卜)을 쳐서 아래(一)서 받드니 **위**를 의미한다.

반의자: 下 아래 하
비슷한 한자: 土 흙 토

총 3획 부 一   ㅣ 卜 上

출제단어
向上(향상) : 위나 앞을 향해 발전함.
上中下(상중하) : 위와 가운데와 아래.

빈칸채우기
12세 以____(이상) 탈 수 있는 놀이기구라서 타지 못했다.
世____(세상)에는 좋은 사람들이 참 많다.

下

7급

아래 **하**

평면(一) 밑으로 내려가니(卜) **아래쪽**이다.

반의자: 上 위 상

총 3획 부 一   下 下 下

출제단어
下待(하대) : 낮게 대접함.
高下(고하) : 위와 아래. 귀하고 천함.

빈칸채우기
18세 以____(이하)는 술을 살 수 없다.
너무 무서워서 地____(지하)에는 내려가고 싶지 않다.

> 방향

7급

왼 **좌**

장인(工)이 자를 잡은 손은 왼손이다.

반의자 右오른쪽 우
비슷한 한자 在있을 재

총 5획 부工   左 ナ 左 左 左

출제 단어
左右間(좌우간) : 어떻게 되든지 간에.
同左(동좌) : 왼편에 있는 것과 같음.

빈칸 채우기
여기서 ＿＿回轉(좌회전)을 하면 학교가 나온다.
예전에는 공공장소에서 ＿＿側(좌측)통행이었지만 요즘은 우측통행이다.

7급

오른쪽 **우**

입(口)에 음식을 넣는 손은 오른쪽이다.

반의자 左왼 좌
비슷한 한자 石돌 석

총 5획 부口   ノ ナ ナ 右 右

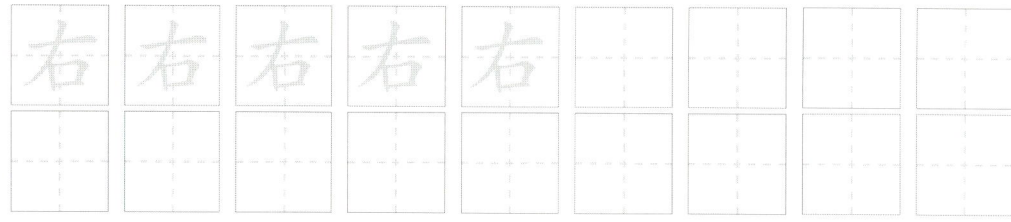

출제 단어
右便(우편) : 오른편.
右中間(우중간) : 정면과 오른쪽의 가운데가 되는 쪽.

빈칸 채우기
사거리에서 ＿＿回轉(우회전)을 하면 우리 집이다.
＿＿側(우측)으로 걸어가는 게 더 안전하다.

7급

前 앞 전

배(舟)를 그치는(止) 밧줄이니 풀면 **앞**으로 간다.

반의자: 後 뒤 후
비슷한 한자: 刑 형벌 형

총 9획 부 刂

출제 단어
- 事前(사전) : 일을 시작하거나 실행하기 전.
- 前夜(전야) : 어젯밤.

빈칸 채우기
- 시험 ____(전)에 미리 공부를 하는 것이 좋다.
- 午____(오전) 수업시간에는 발표를 했다.

8급

中 가운데 중

물건의 중심을 꿰뚫는 모양의 글자로 **가운데**란 뜻이다.

동의자: 央 가운데 앙
반의자: 邊 가 변

총 4획 부 丨

출제 단어
- 中道(중도) : 어느 한쪽으로도 치우치지 않은 바른 길.
- 年中(연중) : 일년 내내.

빈칸 채우기
- 스무 명 ____(중)에 내가 1등이다.
- 다음 주가 ____間(중간)고사 기간이다.

> 방향

7급

모 **방**

양쪽에 손잡이가 달린 쟁기를 본뜬 글자이다.

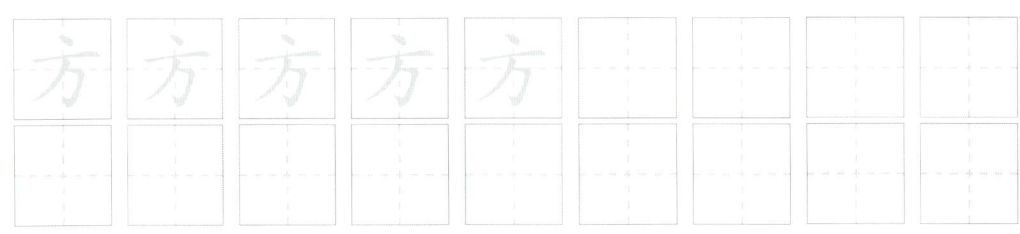

총 4획 부 方   方 方 方 方

| 출제 단어 | 方面(방면) : 향하는 쪽. 또는 지방이나 방향.
地方(지방) : 어느 방면의 땅. |

| 빈칸 채우기 | 四___(사방)이 적으로 둘러싸여 있었다.
처음부터 ___法(방법)이 틀린 것 같다. |

6급

향할 **향**

집(冂)에 창문(口)을 남쪽을 **향하여** 뚫는다.

비슷한 한자
同 한가지 동

총 6획 부 口   向 向 向 向 向 向

| 출제 단어 | 向方(향방) : 향하여 나가는 방향.
風向(풍향) : 바람이 불어오는 방향. |

| 빈칸 채우기 | 열심히 연습한 결과 실력이 ___上(향상)되었다.
열 바퀴를 돌고나니 方___(방향) 감각을 잃었다. |

> 장소

☐ 7급

집 가

모든 집(宀)에 다산을 뜻하는 돼지(豕)를 키운다하여 집이다.

동의자
戶집호 室집·방실 宇집우

총 10획 부 宀

| 출제 단어 | 國家(국가) : 나라의 법적인 호칭.
家口(가구) : 가족 또는 가족의 수. |

| 빈칸 채우기 | 명절에 차례를 지내고 外____(외가)댁에 갔다.
봄맞이 대청소를 하면서 ____具(가구) 배치를 바꿨다. |

☐ 8급

집·방 실

지붕(宀)을 덮은 안에 이르면(至) 집이다.

동의자
家집 가 宇집 우

총 9획 부 宀

| 출제 단어 | 室內(실내) : 방안. 남의 아내를 이르는 말.
溫室(온실) : 난방이 된 방. |

| 빈칸 채우기 | 敎____(교실)에서 친구들과 이야기를 나눴다.
농구는 ____內(실내)에서 할 수 있는 운동이다. |

> 장소

☐ 6급

집 **당**

총 11획 부土 堂堂堂堂堂堂堂堂堂堂堂

| 출제 단어 | 堂堂(당당) : 남 앞에서 내세울 만큼 떳떳한 모습.
書堂(서당) : 예전에 한문을 사사로이 가르치던 곳. |

| 빈칸 채우기 | 食____(식당)에 들어서자마자 맛있는 냄새가 풍겼다.
어디서나 ____(당당)하게 걷자. |

☐ 8급

학교 **교**

총 10획 부木 校校校校校校校校校校

| 출제 단어 | 校友(교우) : 학교에 같이 다니는 벗.
母校(모교) : 자기가 다니거나 졸업한 학교. |

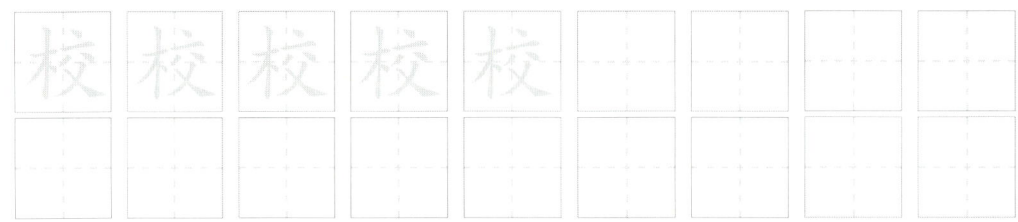

| 빈칸 채우기 | 學____(학교)에서 수업을 마치고 축구를 했다.
아침 조회시간에 ____長(교장)선생님의 말씀을 들었다. |

☐ 6급

뜰 **정**

조정(廷)과 집(广)이 있는 곳에는 **뜰**과 정원이 있다.

총 10획 부 广   庭 庭 广 广 庐 庐 庭 庭 庭 庭

출제 단어
家庭(가정) : 한 가족이 생활하는 집.
校庭(교정) : 학교의 마당이나 운동장.

빈칸 채우기
_____園(정원)에서 가족들과 고기를 구워 먹었다.
부모님께서는 행복한 家_____(가정)을 만들기 위해서 노력하고 계신다.

☐ 7급

마당 **장**

햇볕(昜)이 잘 드는 넓은 땅(土)은 **마당**이다.

비슷한 한자
陽볕 양

총 12획 부 土   場 場 土 圠 圬 坦 坦 場 場 場

출제 단어
場內(장내) : 일정한 구역의 안.
場所(장소) : 어떤 일이 이루어지거나 일어나는 곳.

빈칸 채우기
선생님께서 運動_____(운동장)에 집합시키셨다.
내가 가장 좋아하는 _____所(장소)는 내 방이다.

> 장소

7급

里
마을 리

밭(田)과 밭 사이로 흙(土)길이 난 곳이 **마을**이다.

동의자: 村마을 촌
비슷한 한자: 理다스릴 리

총 7획 부里   里 口 曰 日 旦 甲 里

里 里 里 里 里

출제단어
里長(이장) : 마을의 사무를 맡아보는 사람.
洞里(동리) : 마을.

빈칸 채우기
시골 마을에는 ___長(이장)님이 계신다.
우리나라 반도의 강과 산을 일컬어 三千___(삼천리)강산이라고 한다.

7급

村
마을 촌

나무(木)가 조금(寸) 자라고 있는 곳에 사람이 모여 산다는 데서 **마을**을 의미한다.

동의자: 里마을 리
비슷한 한자: 林수풀 림

총 7획 부木   村 十 十 木 村 村 村

村 村 村 村 村

출제단어
村長(촌장) : 한 마을의 우두머리.
山村(산촌) : 산속에 있는 마을.

빈칸 채우기
農___(농촌)에는 농사지을 사람이 부족하다.
한 마을의 우두머리를 ___長(촌장)이라고 한다.

☐ 7급

고을 **읍**

일정한 구역(口)에 모여(巴) 사는 곳이 고을이다.

동의자
洞골 동 / 밝을 통

총 7획 부邑   ㄱ ㅁ ㅁ 吊 吊 邑 邑

출제 단어
邑民(읍민) : 고을 내에 사는 사람.
邑長(읍장) : 읍의 행정 사무를 통괄하는 우두머리.

빈칸 채우기
조선은 한양을 都____(도읍)으로 정했다.
____內(읍내)에 오일장이 서면 볼거리가 많다.

☐ 6급

고을 **군**

임금(君)의 명을 받아 고을(阝)을 다스리는 고을의 수령이다.

동의자   비슷한 한자
邑고을 읍   群무리 군

총 10획 부阝   郡 郡 크 尹 尹 君 君 君 郡 郡

출제 단어
郡民(군민) : 그 군(郡)에 사는 사람.
郡界(군계) : 군(郡)과 군(郡) 사이의 경계.

빈칸 채우기
할아버지께서 ____守(군수)에 당선되셨다.
전국체전 때문에 各____(각군)에서 많은 사람들이 모여들었다.

> 장소

7급 道
길 도

사람의 머리(首)가 가는(辶) 곳은 길이다.

동의자
途길 도 路길 로

총 13획 부辶   道 道 道 道 渞 首 首 首 道 道 道 道

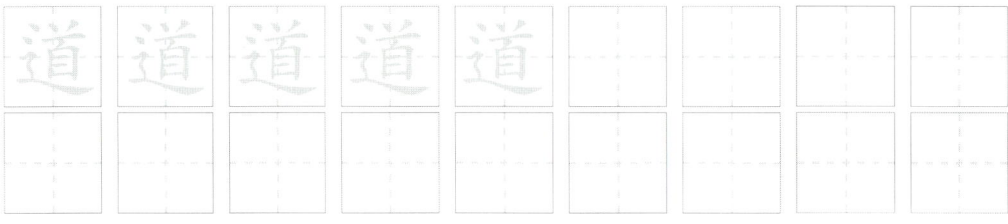

출제 단어
定道(정도) : 자연적으로 정해진 도리.
道理(도리) : 사람이 마땅히 행하여야 할 바른 길.

빈칸 채우기
열심히 공부하는 것이 학생의 ＿＿理(도리)다.
자전거 ＿＿路(도로)에서 자전거를 타는 것이 더 안전하다.

6급 路
길 로

발(足)로 돌아다니는 여러(各) 길.

동의자   비슷한 한자
道길 도   絡이을 락

총 13획 부足   路 路 路 路 路 路 路 路 路 路

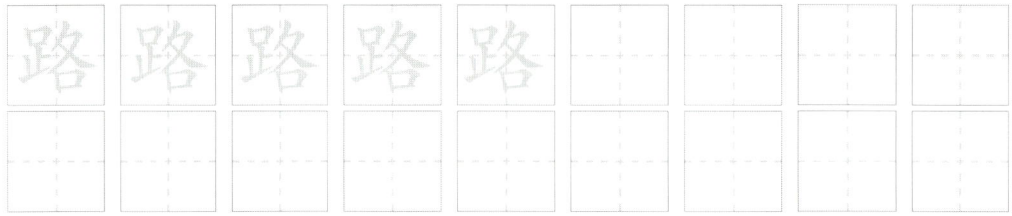

출제 단어
道路(도로) : 사람이나 차가 다닐 수 있게 만든 길.
水路(수로) : 물을 보내는 통로.

빈칸 채우기
＿＿上(노상)방뇨는 불법이다.
가을에는 낙엽 떨어지는 街＿＿樹(가로수) 길의 풍경이 매우 아름답다.

☐ 7급

洞
골 동/밝을 통

한(同) 우물의 물(氵)을 먹으니 **골, 마을**사람이다.

동의자 비슷한 한자
邑고을 읍 同한가지 동

총 9획 부氵 洞 洞 洞 洞 洞 洞 洞 洞 洞

출제단어
洞內(동내) : 동네 안.
洞民(동민) : 동네에 사는 사람.

빈칸 채우기
___口(동구) 밖 과수원 길 아카시아 꽃이 활짝 폈네.
우리 집은 吉___(길동)에 있다.

☐ 7급

市
저자 시

위를 덮은(亠) 집에서 베(巾)를 파는 곳이 **시장**이다.

비슷한 한자
布베 포

총 5획 부巾 市 市 市 市 市

출제단어
市內(시내) : 도시의 안쪽.
市場(시장) : 장사하는 장소.

빈칸 채우기
어머니를 따라 ___場(시장)에 장을 보러 갔다.
都___(도시)에는 아파트가 많이 들어서 있다.

> 장소

6급

서울 **경**

높고(高) 작은(小) 집이 많은 곳이 **서울**이다.

비슷한 한자
享 누릴 향

총 8획 부亠 京 京 京 京 京 京 京 京

출제단어
上京(상경) : 시골에서 서울로 올라옴.
京邑(경읍) : 한 나라의 중앙 정부가 있는 곳.

빈칸채우기
일본의 수도는 東＿＿＿(동경)이다.
조선 시대에는 서울을 ＿＿＿城(경성)이라고 불렀다.

8급

나라 **국**

혹시나(或)하는 마음으로 지키려고 에워싸니(口) **나라**다.

동의자
邦 나라 방

총 11획 부口 國 國 國 國 國 國 國 國 國 國 國

출제단어
國家(국가) : 나라의 법적인 호칭.
國土(국토) : 국가의 영토.

빈칸채우기
월드컵은 ＿＿＿家(국가)적인 행사다.
우리나라는 ＿＿＿力(국력)을 기르기 위해 여러 가지 노력을 하고 있다.

☐ 8급

한국·나라 **한**

아침 햇빛을 받아 가죽(韋)처럼 빛나는(倝) 나라이다.

총 17획 부韋   一 十 十 古 古 古 直 卓 卓 軐 軐 軐 韓 韓 韓 韓

| 출제 단어 | 韓服(한복) : 우리나라의 고유한 옷.
韓食(한식) : 우리나라 고유의 음식. |

| 빈칸 채우기 | 오늘 저녁에 南____(남한)과 北____(북한)의 축구 경기가 있다.
____國(한국)에서 면적이 가장 큰 도시는 서울이다. |

☐ 7급

한수·한나라 **한**

물(氵)과 진흙(糞)이 있는 양자강 유역에 세운 나라가 한나라이다.

비슷한 한자
嘆 탄식할 탄

총 14획 부氵   漢 漢 漢 汀 汀 洋 洋 洪 淇 淇 漢 漢 漢 漢

| 출제 단어 | 漢文(한문) : 한자를 통속적으로 이르는 말.
漢族(한족) : 중국의 중심이 되는 겨레. |

| 빈칸 채우기 | ____字(한자) 공부는 할수록 재미있다.
나는 바둑에는 門外____(문외한)이다. |

> 장소

7급

世

인간·세대 **세**

열 십(十)을 세 개를 합치고 아랫부분을 그었으니 30년, 즉 한 **세대**이다.

비슷한 한자
也 어조사 야

총 5획 부一   世 世 世 世 世

출제단어
世上(세상) : 사람이 살고 있는 땅.
短世(단세) : 명이 짧음.

빈칸채우기
_____界(세계)는 지금 축구에 열광하고 있다.
어머니께서 二_____(이세)를 위해서 담배를 끊는게 좋겠다고 하셨다.

7급

所

바 **소**

집(戶) 안에 도끼(斤)를 두는 **장소**는 헛간이다.

총 8획 부戶   所 所 所 所 所 所 所 所

출제단어
所聞(소문) : 널리 떠도는 말.
所信(소신) : 믿는 바.

빈칸채우기
이건 나에게 정말 _____重(소중)한 선물이다.
집 住_____(주소)를 적어주세요.

☐ 6급

지경 **계**

밭(田)과 밭 사이에 끼여(介) 있는 길은 **경계**를 나타낸다.

동의자
境 지경 경

총 9획 부田

| 출제 단어 | 世界(세계) : 온 세상. 지구상의 모든 나라.
外界(외계) : 바깥 세계. 지구 밖의 세계. |

| 빈칸 채우기 | 그의 논문은 學____(학계)에서 뜨거운 관심을 받고 있다.
은하계 어딘가에 外____人(외계인)이 살고 있을까? |

☐ 6급

구분할·지경 **구**

여러 사람(口)이 모여 사는 곳을 성을 쌓아(匚) **구역**을 정한다.

총 11획 부匚

| 출제 단어 | 區間(구간) : 어떤 지점과 다른 지점과의 사이.
區分(구분) : 일정한 기준에 따라 전체를 몇 개로 갈라 나눔. |

| 빈칸 채우기 | 우리는 ____域(구역)을 나눠서 청소를 했다.
할머니 댁은 江南____(강남구)에 있다. |

확인학습 2회

※ 다음 漢字의 訓과 音을 쓰시오.(1~10)

> 보기   字 → 글자 자

(1) 內   (2) 向
(3) 堂   (4) 庭
(5) 村   (6) 郡
(7) 京   (8) 前
(9) 漢   (10) 界

※ 다음 漢字語의 讀音을 쓰시오.(11~16)

> 보기   漢字 → 한자

(11) 區間   (12) 道路
(13) 世界   (14) 農場
(15) 家庭   (16) 郡民

※ 다음 漢字의 讀音을 보고 漢字를 쓰시오.(17~26)

> 보기   봄 춘 → 春

(17) 북녘 북   (18) 바깥 외
(19) 모 방   (20) 집·방 실

(21) 마을 리   (22) 골 동/밝을 통
(23) 저자 시   (24) 인간·세대 세
(25) 고을 읍   (26) 한국·나라 한

※ 다음 漢字와 음이 같은 漢字를 골라 그 번호를 쓰시오.(27~28)

(27) 東 :   ① 堂   ② 洞   ③ 京   ④ 道
(28) 漢 :   ① 向   ② 前   ③ 下   ④ 韓

※ 다음 漢字와 뜻이 비슷한 漢字를 골라 그 번호를 쓰시오.(29~31)

(29) 村 :   ① 里   ② 路   ③ 界   ④ 郡
(30) 區 :   ① 世   ② 界   ③ 前   ④ 京
(31) 家 :   ① 校   ② 國   ③ 堂   ④ 中

※ ㉠획의 쓰는 순서를 아래에서 골라 그 번호를 쓰시오.(32~33)

(32) 庭   ① 두번째   ② 세번째   ③ 첫번째   ④ 네번째

(33) 京   ① 여섯번째   ② 다섯번째   ③ 일곱번째   ④ 여덟번째

> 숫자

8급

一

한 일

한 개의 막대기를 본뜬 글자이다.

동의자
共 한가지 공   同 한가지 동

총 1획 부一   一

출제 단어
一角(일각) : 한 귀퉁이.
萬一(만일) : 있을지도 모르는 뜻밖의 경우.

빈칸 채우기
달리기 시합에서 ____等(일등)을 했다.
우리나라의 핸드폰 기술은 가히 ____流(일류)라고 말할 수 있다.

8급

二

두 이

두 개의 막대기를 본뜬 글자이다.

동의자
貳 두 이

총 2획 부二   二 二

출제 단어
二流(이류) : 버금가는 정도.
二重(이중) : 두 번 거듭 됨.

빈칸 채우기
우리 형은 ____等兵(이등병)이다.
그녀의 ____重(이중)적인 생활은 곧 들통이 났다.

8급

三
석 삼

각각 하늘, 사람, 땅을 가리킨다.

동의자
參 석 삼

총 3획 부 一   三 三 三

출제 단어
- 三五(삼오) : 보름을 달리 이르는 말.
- 三者(삼자) : 대화자 이외의 사람이나 사물.

빈칸 채우기
- ____寸(삼촌)이 생일선물을 사주셨다.
- 그 사실은 ____尺童子(삼척동자)도 안다.

8급

四
넉 사

사방(囗)을 네 부분으로 나눈다(八).

비슷한 한자
西 서녘 서

총 5획 부 囗   l 冂 冂 四 四

출제 단어
- 四方(사방) : 동, 서, 남, 북의 네 방향. 주변 일대.
- 四日(사일) : 나흘.

빈칸 채우기
- 민지와 나는 ____寸(사촌) 관계다.
- 수학시간에 ____面體(사면체)에 대해서 배웠다.

> 숫자

8급

다섯 오

다섯 손가락을 가리킨 모양을 본뜬 글자이다.

총 4획 부二   五 丅 五 五

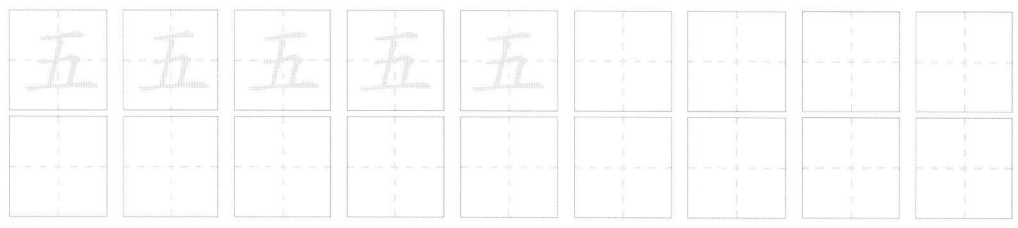

출제 단어
五方(오방) : 사방과 그 가운데.
五色(오색) : 다섯가지 빛깔.

빈칸 채우기
점심시간에 三三_____(삼삼오오) 모여서 도시락을 먹었다.
六二____(육이오) 전쟁이 일어난 해는 1950년이다.

8급

여섯 륙

두 손의 손가락을 세 개씩 펴서 서로 맞댄 모양에서 여섯을 뜻한다.

비슷한 한자
大 큰 대

총 4획 부八    六 六 六 六

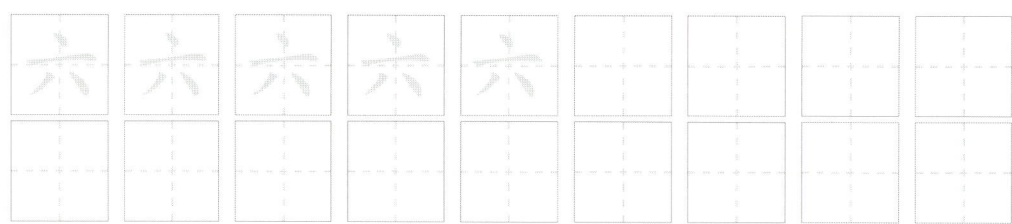

출제 단어
六十(육십) : 열의 여섯 배가 되는 수. 예순.
六寸(육촌) : 사촌의 아들딸들 사이의 촌수.

빈칸 채우기
이 일을 다 마치려면 적어도 五____日(오륙일)은 걸릴 것 같다.
____月(유월)은 소풍가기 좋은 날씨다.

七

8급

손가락으로 일곱을 나타낸 모양을 본뜬 글자이다.

일곱 **칠**

총 2획 부一   一 七

출제단어
七月(칠월) : 한 해의 열두 달 가운데 일곱 째 달.
七夕(칠석) : 음력 7월 7일, 견우와 직녀가 만난다고 하는 날.

빈칸 채우기
____月____夕(칠월칠석)은 견우와 직녀가 만나는 날이다.
할머니께서 ____旬(칠순)을 맞으셔서 일가친척들이 모여 잔치를 열었다.

八

8급

한 개의 막대기를 둘로 나눈 모양을 본뜬 글자이다.

비슷한 한자
入 들 입   人 사람 인

여덟 **팔**

총 2획 부八   八 八

출제단어
八景(팔경) : 여덟 가지의 아름다운 경치.
八字(팔자) : 사람의 한 평생의 운수.

빈칸 채우기
할아버지는 올해 연세가 ____十(팔십)이시다.
노래면 노래, 춤이면 춤 못하는 게 없는 ____方美人(팔방미인)이다.

> 숫자

8급

아홉 **구**

십(十)의 불완전한 모양을 본뜬 글자이다.

비슷한 한자
力 힘 력

총 2획 부乙   丿 九

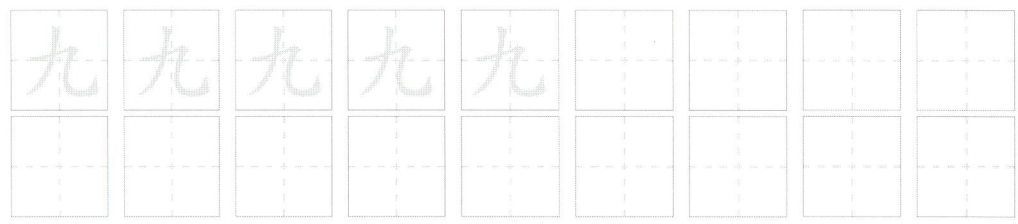

출제단어
九天(구천) : 하늘의 가장 높은 곳. 하늘 위.
九重(구중) : 아홉 겹.

빈칸채우기
그는 十中八____(십중팔구) 범인이다.
하마터면 차에 치여 죽을 뻔 했으니 ____死一生(구사일생)이다.

8급

열 **십**

다섯 손가락이 달린 두 팔을 엇걸어 **열**을 나타낸 글자이다.

총 2획 부十   一 十

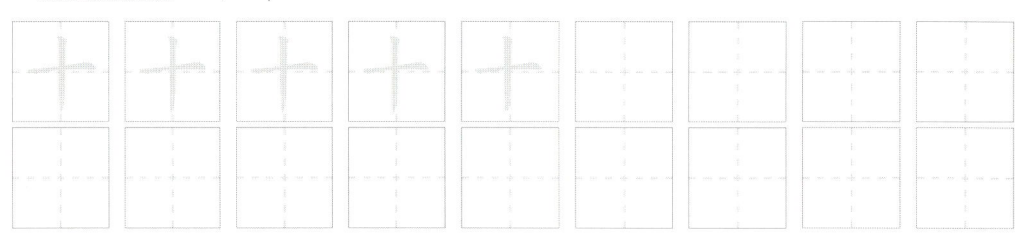

출제단어
十分(십분) : 충분히.
十長生(십장생) : 오래 살고 죽지 않는다는 열 가지.

빈칸채우기
집을 떠나 온지 ____日(십일)째 되자 부모님이 몹시 보고 싶었다.
교회 건물에는 ____字架(십자가)가 있다.

7급

百 일백 백

흰(白) 머리가 많이 났으니(一) 나이가 **많다**.

비슷한 한자
白 흰 백

총 6획 부白   百 一 丆 丆 百 百 百

출제 단어
百科(백과) : 많은 과목. 온갖 과목.
百姓(백성) : 일반 국민.

빈칸 채우기
어진 임금은 가난한 ____姓(백성)들을 위해서 쌀을 나눠 주었다.
혼자서 이렇게 많은 일을 하다니 정말 一當____(일당백)이다.

7급

千 일천 천

사람(人)의 몸으로 천 단위를 나타낸 데서 일(一)을 그어 **일천**을 뜻한다.

비슷한 한자
干 방패 간

총 3획 부十   千 一 千

출제 단어
千古(천고) : 영구한 세월.
千字文(천자문) : 모두 1000자로 된 한문학습의 입문서.

빈칸 채우기
그녀는 세 살 때 ____字文(천자문)을 깨친 신동이다.
이순신 장군은 ____古(천고)의 영웅이다.

> 숫자

8급 萬
일만 만

벌의 더듬이, 몸통, 발의 모양을 본떠 그 수가 많다는 뜻으로 쓰였다.

비슷한 한자
愚 어리석을 우

총 13획 부艹 萬萬萬萬萬萬萬萬萬萬萬萬萬

출제단어
萬國(만국) : 모든 나라.
萬物(만물) : 온갖 물건.

빈칸 채우기
_____物(만물)이 생동하는 봄이다.
내가 _____一(만일) 아빠라면 어떻게 했을지 생각해봤다.

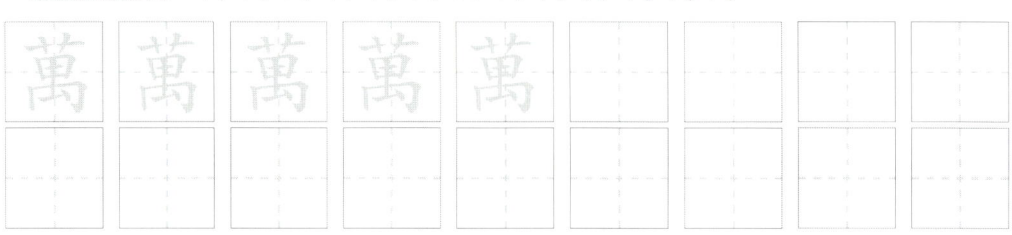

6급 半
반 반

소(牛)를 쪼개어(八) 나누니 절반이다.

비슷한 한자
羊 양 양

총 5획 부十 半 半 半 半 半

출제단어
半面(반면) : 한 면의 절반.
夜半(야반) : 밤중.

빈칸 채우기
過_____數(과반수)이상의 친구들이 손을 들어서 초희가 반장이 됐다.
前_____戰(전반전)은 1대 0으로 우리 팀이 이기고 있다.

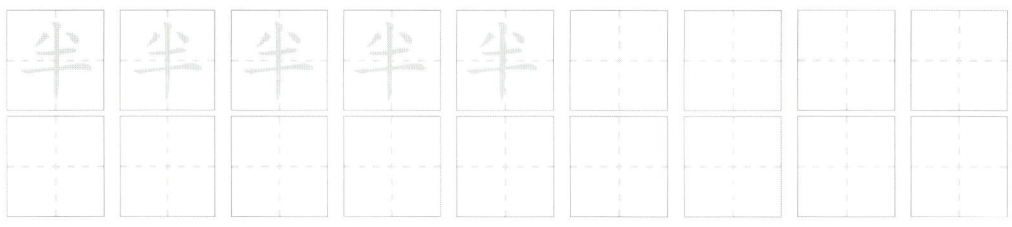

7급

算
셈 산

대나무(竹)로 만든 도구(具)는 셈할 때 사용한다.

동의자
數 셈 수

총 14획 부竹   𠂉 𠂉 𠂉 竹 竹 竹 竹 竹 筲 筲 笪 算 算

출제 단어
算定(산정) : 셈하여 정함.
算出(산출) : 계산해 냄. 셈함.

빈칸 채우기
배가 아파서 간단한 _____數(산수)문제도 틀렸다.
큰 숫자를 더하고 뺄 때는 計_____器(계산기)를 이용한다.

7급

數
셈 수

어리석은 여자(婁)는 쳐서(攵) 깨우쳐야 셈을 한다.

동의자
算 셈 산

총 15획 부攵   𠂉 𠂉 𠂉 𠂉 串 串 婁 婁 婁 婁 數 數 數

출제 단어
算數(산수) : 기초적인 셈법. 또는 이를 가르치는 학과목.
分數(분수) : 한 수 a를 다른 수 b로 나눈 몫을 a/b와 같이 나타낸 것.

빈칸 채우기
우리 반 學生_____(학생수)는 총 30명이다.
내가 제일 자신 있는 과목은 _____學(수학)이다.

> 숫자

6급

計
셀 계

말(言)을 묶음(十)씩 헤아려 센다하여 **계획하다, 꾀하다.**

동의자
算 셈 산

총 9획 부 言

出제단어
計算(계산) : 수를 헤아림.
合計(합계) : 한데 합하여 계산함.

빈칸 채우기
방학 전에는 항상 생활_____劃(계획)표를 짜는 숙제가 있다.
어머니께서는 자기 전에 家_____(가계)부를 쓰신다.

6급

級
등급 급

실(糸)을 기준에 미치게(及) 짜야 **등급**을 얻는다.

동의자
等 무리 등

총 10획 부 糸

出제단어
級數(급수) : 기술 따위를 우열에 따라 매긴 등급.
高級(고급) : 물건 따위의 품질이 뛰어나고 값이 비쌈.

빈칸 채우기
한자능력검정시험에 응시해서 6_____(급)을 획득했다.
우리 學_____(학급)에서 채원이가 제일 빨리 달린다.

☐ 6급

차례 **번**

밭(田)에 곡식을 심을 때는 분별해서
(采) 차례로 심는다.

동의자
第차례 제

총 12획 부田   番 番 番 番 番 番 番 番 番 番 番 番

| 출제 단어 | 番地(번지) : 땅을 일정한 기준에 따라 나누어서 매겨 놓은 번호.
番號(번호) : 차례를 나타내거나 식별하기 위해 붙이는 숫자. |

| 빈칸 채우기 | 이 영화는 벌써 세 _____ (번)이나 봤다.
아빠는 每_____ (매번) 약속을 어기신다. |

☐ 6급

차례 **제**

글을 쓴 대쪽(竹)을 순서대로 위에서
내리(弟) 엮으니 차례가 있다.

동의자   비슷한 한자
番차례 번   弟아우 제

총 11획 부竹   第 第 第 第 第 第 第 第 第 第 第

| 출제 단어 | 第一(제일) : 여럿 가운데서 첫째가는 것.
登第(등제) : 시험에 급제함. |

| 빈칸 채우기 | 지금부터 _____ (제) 52회 한자시험을 시작하겠습니다.
옛 선비들은 과거에 及_____ (급제)하면 벼슬을 얻었다. |

> 시간

7급 時 때 시

절(寺)에서는 해(日)가 뜨고 지는 것으로 **시간**을 안다.

비슷한 한자
詩 시 시

총 10획 부 日   時 時 時 時 時 時 時 時 時 時

출제 단어
校時(교시) : 학교의 수업 시간 단위.
時事(시사) : 당시에 일어난 사건.

빈칸 채우기
_____代(시대)의 요구에 따라 정치를 해야 한다.
미국에서 온지 얼마 안돼서 아직 _____差(시차) 적응을 못했다.

7급 間 사이 간

문(門) 사이로 햇빛(日)이 들어오니 **사이**가 생긴다.

비슷한 한자
問 물을 문 聞 들을 문

총 12획 부 門   間 間 間 間 間 間 間 間 間 間

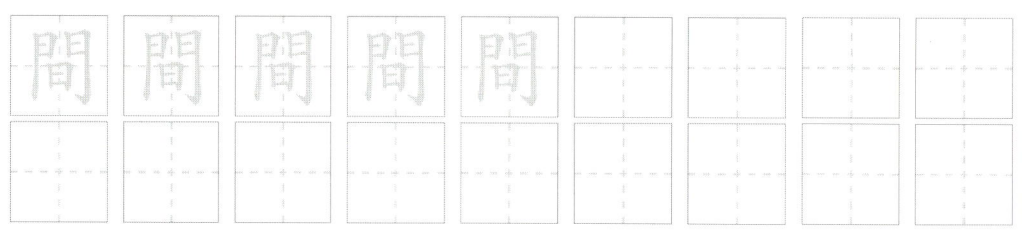

출제 단어
間食(간식) : 끼니와 끼니 사이에 음식을 먹음.
石間(석간) : 돌과 돌 사이.

빈칸 채우기
아침 등교 時_____(시간)에는 차가 많이 다닌다.
친구 _____(간)에도 예의를 지켜야 한다.

☐ 8급

먼저 **선**

소(牛)와 사람(儿)이 걸어갈 때 소가 앞서니 먼저이다.

비슷한 한자
洗 씻을 세

총 6획 부 儿   ′ ⺧ ⺧ 牛 ⺧ 先

출제 단어
先金(선금) : 치러야 할 돈의 일부를 미리 치르는 돈.
先頭(선두) : 첫머리. 앞장.

빈칸 채우기
사건의 ____後(선후) 관계를 잘 따져봐야겠다.
잘 알기도 전에 ____入見(선입견)을 갖는 것은 좋지 않다.

☐ 7급

뒤 **후**

어린이(幺)가 뒤축거리며(彳) 걸으니 (夂) 뒤늦다.

반의자
前 앞 전

총 9획 부 彳   ′ ⺧ ⺧ 彳 彳 彳 後 後 後

출제 단어
後光(후광) : 부처의 등 뒤에 있는 둥근 빛.
後門(후문) : 집의 뒤쪽이나 옆으로 난 문.

빈칸 채우기
午____(오후) 햇살이 따사롭다.
저녁 10시 以____(이후)로 외출하면 안 된다.

> 시간

6급

晝 낮 주

붓(聿)으로 하나(一)의 해(日)를 그렸으니 **낮**이다.

동의자: 午낮오
반의자: 夜밤야

총 11획 부日 晝晝晝晝晝晝晝晝晝晝晝

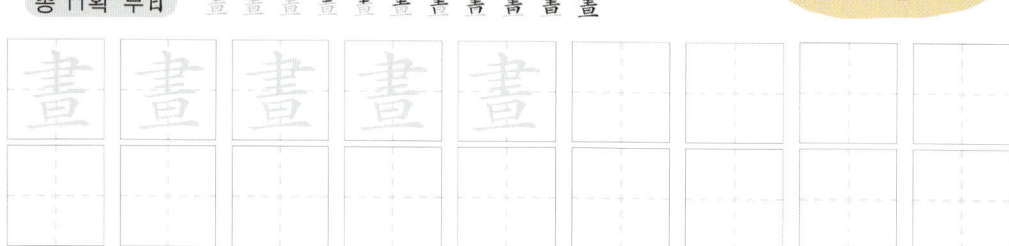

출제단어
晝間(주간): 먼동이 터서 해가 지기 전까지의 동안.
白晝(백주): 대낮.

빈칸 채우기
_____夜(주야)로 쉬지 않고 공부했다.
우리 누나는 _____間(주간)에만 학교를 다닌다.

7급

낮 오

방패(干)를 숙일(丿) 만큼 더우니 **낮**이다.

반의자: 夜밤야
비슷한 한자: 牛소우

총 4획 부十 午午午午

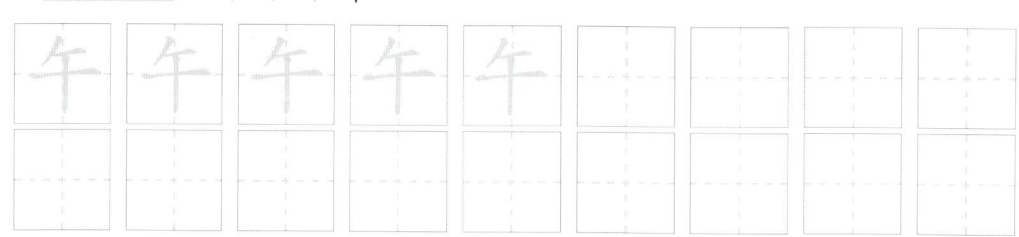

출제단어
正午(정오): 낮 12시. 오시.
午後(오후): 정오부터 밤 열두시까지의 시간.

빈칸 채우기
점심시간은 正_____(정오)부터입니다.
1시부터 3층에서 _____餐(오찬) 간담회가 있습니다.

☐ 6급

밤 **야**

하루를 사람의 몸에 빗대 그 옆구리에 달을 그린 모양을 본뜬 글자이다.

반의자
晝낮 주　午낮 오

총 8획 부夕   夜 夜 宀 夜 疒 夜 夜 夜

출제 단어
夜間(야간) : 해가 진 뒤부터 먼동이 트기 전까지의 동안.
夜景(야경) : 밤의 경치.

빈칸 채우기
_____食(야식)을 먹고 자면 아침에 얼굴이 붓는다.
深_____(심야)에도 시내에는 사람들이 북적였다.

☐ 6급

아침 **조**

달(月)이 지고 해가 돋아(倝) 오르니 아침이다.

반의자
夕 저녁 석

총 12획 부月   朝 朝 朝 古 古 占 直 卓 朝 朝 朝

출제 단어
朝夕(조석) : 아침과 저녁.
朝食(조식) : 아침밥.

빈칸 채우기
오전 9시부터 _____餐(조찬)을 겸한 회의가 열립니다.
태조 이성계는 조선 王_____(왕조)를 개창했다.

> 시간

7급

저녁 석

달이 반쯤 산 위에 떠 있는 모양을 본 뜬 글자이다.

비슷한 한자: 多많을 다
반의자: 朝아침 조 旦아침 단

총 3획 부夕   ノ ク 夕

| 출제 단어 | 每夕(매석) : 매일 저녁.
夕日(석일) : 석양. |

| 빈칸 채우기 | 그는 하루도 빠짐없이 부모님께 朝___(조석)으로 문안을 드린다.
하늘에 붉은 ___陽(석양)이 깔렸다. |

6급

어제 작

하루 해(日)가 잠깐(乍) 사이에 지나가니 벌써 어제다.

반의자: 今이제 금
비슷한 한자: 作지을 작

총 9획 부日   昨 昨 昨 昨 昨 昨 昨 昨 昨

| 출제 단어 | 昨年(작년) : 지난 해.
昨月(작월) : 지난 달. |

| 빈칸 채우기 | 키가 ___年(작년)보다 5cm나 컸다.
그가 실수를 저지르는 건 ___今(작금)의 일이 아니다. |

☐ 6급

今
이제 금

사람이 모이는(合) 곳에 때맞추어(及) 가니 지금이다.

비슷한 한자 반의자
令 명령 령   古 예 고 昨 어제 작

총 4획 부人   今 今 今 今

출제 단어
今時(금시) : 이제. 방금. 일이 진행되는 바로 그 때.
古今(고금) : 옛날과 지금.

빈칸 채우기
只____(지금)부터 발표를 시작하겠습니다.
____日(금일) 오후 5시부터 단수입니다.

☐ 8급

年
해·나이 년

낮(午)이 하루씩(一) 가는 것을 헤아려 1년을 정한다.

동의자 비슷한 한자
歲 해 세   午 낮 오

총 6획 부干   ᅩ 午 午 年 年 年

출제 단어
年內(연내) : 그 해 안. 올해 안.
年中(연중) : 그 해의 안. 한 해 동안.

빈칸 채우기
____末(연말)에는 송년 모임이 많이 있다.
來____(내년)에도 영수랑 같은 반이 되면 좋겠다.

> 시간

7급

春
봄 춘

햇빛(日)을 받아 새싹이 돋아나니(泰) 봄이다.

반의자
秋 가을 추

총 9획 부 日   春 春 春 春 春 春 春 春 春

출제 단어
春色(춘색) : 봄의 아름다운 빛.
靑春(청춘) : 십대 후반에서 이십대에 걸치는 인생의 젊은 나이.

빈칸 채우기
할아버지께 ____秋(춘추)가 어떻게 되시는지 여쭈어 보았다.
____三月(춘삼월)이 되면 목련꽃이 핀다.

7급

夏
여름 하

더워서 머리(頁)와 발(夊)을 드러내니 여름이다.

반의자
冬 겨울 동

총 10획 부 夊   夏 夏 夏 夏 夏 夏 夏 夏 夏 夏

출제 단어
夏服(하복) : 여름 옷.
夏至(하지) : 낮이 가장 길고 밤이 가장 짧은 절기.

빈칸 채우기
날이 몹시 더워서 ____服(하복)을 입으려고 꺼냈다.
현철이는 방학을 하자마자 ____季(하계) 훈련을 갔다.

7급

벼(禾)가 불(火)처럼 뜨거운 햇빛에 익으니 **가을**이다.

반의자
春 봄 춘

가을 **추**

총 9획 부 禾   秋 一 千 禾 禾 禾 秋 秋 秋

출제 단어
秋收(추수) : 가을에 익은 곡식을 거둬들이는 일.
秋夕(추석) : 우리나라 명절의 하나로 음력 8월 보름.

빈칸 채우기
_____夕(추석)에는 가족끼리 모여앉아 송편을 빚는다.
가을에 논이 황금빛 물결을 이루면 _____收(추수)를 시작한다.

7급

얼음판(冫)을 조심해서 걸어야(夂) 하는 것이 **겨울**이다.

반의자
夏 여름 하

겨울 **동**

총 5획 부 冫   冬 ノ ク 久 冬 冬

출제 단어
冬服(동복) : 겨울철에 입는 옷.
冬寒(동한) : 겨울의 추위.

빈칸 채우기
개구리는 _____眠(동면)을 하는 동물이다.
_____至(동지)날에는 팥죽을 먹는다.

> 시간

7급

매양 **매**

사람들(人)의 어머니(母)는 늘 자식을 걱정한다.

비슷한 한자
海바다 해

총 7획 부母   每 每 每 每 每 每 每

출제
단어

每事(매사) : 일마다. 모든 일.
每番(매번) : 번번이.

빈칸
채우기

경희는 ＿＿事(매사)에 열심이다.
이번 공연은 ＿＿回(매회) 티켓이 매진되어 대성공이었다.

6급

예 **고**

여러(十) 대에 걸쳐 입(口)으로 전해오는 옛 이야기.

반의자
新새 신 今이제 금

총 5획 부口   古 古 古 古 古

출제
단어

古今(고금) : 옛날과 지금.
古事(고사) : 옛일.

빈칸
채우기

우리 동네에서 ＿＿代(고대)에 사용했던 유물이 발굴되었다.
청소년기에 ＿＿典(고전)을 읽는 것이 좋다.

확인학습 3회

※ 다음 漢字의 訓과 音을 쓰시오.(1~10)

> 보기   字 → 글자 자

(1) 百
(2) 半
(3) 數
(4) 級
(5) 第
(6) 間
(7) 朝
(8) 今
(9) 夏
(10) 每

※ 다음 漢字語의 讀音을 쓰시오.(11~16)

> 보기   漢字 → 한자

(11) 合計
(12) 番地
(13) 晝夜
(14) 昨年
(15) 古物
(16) 第一

※ 다음 漢字의 讀音을 보고 漢字를 쓰시오.(17~26)

> 보기   봄 춘 → 春

(17) 셈 산
(18) 셀 계
(19) 차례 번
(20) 때 시

(21) 낮 주   (22) 어제 작
(23) 봄 춘   (24) 일만 만
(25) 낮 오   (26) 밤 야

※ 다음 漢字와 음이 같은 漢字를 골라 그 번호를 쓰시오.(27~28)

(27) 五 :   ① 後   ② 午   ③ 古   ④ 九
(28) 冬 :   ① 秋   ② 夕   ③ 年   ④ 洞

※ 다음 漢字와 뜻이 비슷한 漢字를 골라 그 번호를 쓰시오.(29~31)

(29) 算 :   ① 先   ② 時   ③ 數   ④ 每
(30) 番 :   ① 第   ② 古   ③ 夜   ④ 今
(31) 晝 :   ① 百   ② 午   ③ 朝   ④ 年

※ ㉠획의 쓰는 순서를 아래에서 골라 그 번호를 쓰시오.(32~33)

(32) 夜   ① 다섯번째   ② 여섯번째   ③ 일곱번째   ④ 여덟번째

(33) 晝   ① 다섯번째   ② 첫번째   ③ 여섯번째   ④ 네번째

> 사물

8급

쇠 **금**/성 **김**

금이 흙(土)속에 묻혀있음을 나타낸 글자이다.

총 8획 부 金   丿 人 𠆢 亼 全 全 余 金

출제 단어
石金(석금) : 돌에 박혀 있는 금.
金色(금색) : 금빛.

빈칸 채우기
現＿＿(현금)으로 결제하시겠습니까?
우리 아버지는 공무원이셔서 퇴직 후에 年＿＿(연금)을 받으신다.

6급

은 **은**

흰 빛(艮)을 내는 쇠붙이(金)는 광산에서 캐는 은이다.

비슷한 한자
根 뿌리 근

총 14획 부 金   銀 銀 銀 銀 銀 銀 銀 銀 銀 銀 銀 銀 銀 銀

출제 단어
銀行(은행) : 예금을 받아 그 돈으로 여러 업무를 하는 금융 기관.
金銀(금은) : 금과 은.

빈칸 채우기
어머니는 예금을 하러 ＿＿行(은행)에 가신다.
만화책 속 보물섬에는 金＿＿(금은)보화가 가득했다.

> 사물

7급

수레 거·차

많은 물건을 싣고 빠른 시간(日)에 옮기는 것은 **수레**이다.

비슷한 한자
東 동녘 동

총 7획 부車   車 車 亓 亓 百 亘 車

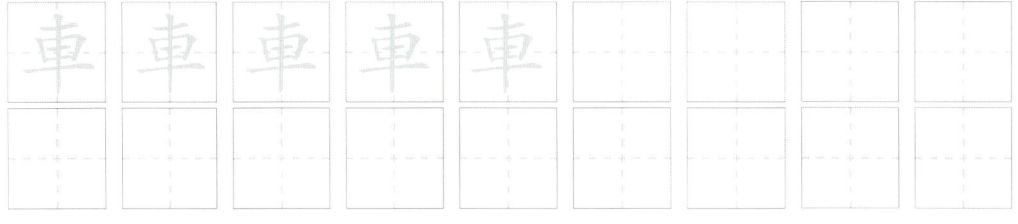

출제 단어
車馬(거마) : 수레와 말.
車道(차도) : 차가 다니는 길.

빈칸 채우기
주말에 自轉____(자전거)를 타러 공원에 갔다.
버스 停____場(정거장)에서 한참을 기다렸더니 몹시 춥다.

7급

旗

기 기

깃발(㫃)을 올려 그(其) 표시를 한 것이 대장**기**이다.

비슷한 한자
族 겨레 족

총 14획 부方   旗 旗 旗 旗 旗 旗 旗 旗 旗 旗 旗 旗 旗

출제 단어
旗手(기수) : 기를 가지고 신호를 일삼는 사람.
太極旗(태극기) : 대한민국의 국기.

빈칸 채우기
적군이 우리에게 白____(백기)를 들었다.
기를 가지고 신호하는 일을 맡은 사람이 ____手(기수)다.

6급

공 **구**

구슬(王)을 구하니(求) 둥근 공모양이다.

비슷한 한자
救 구원할 구

총 11획 부 王   球 球 球 球 珜 珜 珜 珜 球 球 球

출제단어
半球(반구) : 구의 절반.
地球村(지구촌) : 지구 전체를 한 마을처럼 여겨 이르는 말.

빈칸채우기
체육시간에 卓____(탁구)를 배웠다.
컴퓨터 화면을 오랫동안 쳐다보니 眼____(안구)가 건조해졌다.

7급

종이 **지**

실(糸)같은 닥나무의 섬유질이 뿌리(氏)처럼 얽혀 종이가 된다.

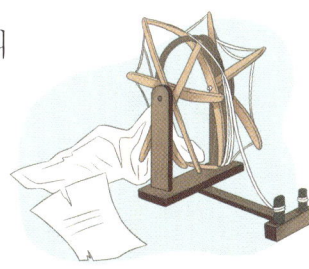

총 10획 부 糸   紙 紙 幺 乡 糸 糽 紙 紙 紙

출제단어
紙面(지면) : 종이의 표면.
表紙(표지) : 책의 겉장.

빈칸채우기
어버이날을 맞아 부모님께 便____(편지)를 썼다.
시험지를 받아들고, 너무 당황해서 머릿속이 白____(백지) 상태다.

> 사물

7급

物
물건 **물**

소(牛)는 농가에 없으면 안 되는(勿) 소중한 물건이다.

동의자
件 물건 건

총 8획 부牛   物 物 物 物 物 物 物 物

출제
단어
物理(물리) : 만물의 이치. 물리학의 약어.
物件(물건) : 일정한 형태를 가진 대상. 물품.

빈칸
채우기
남의 ＿＿件(물건)도 소중하게 다뤄야한다.
위인전은 위대한 人＿＿(인물)의 이야기다.

6급

衣
옷 **의**

사람이 저고리를 입은 모양을 본뜬 글자이다.

동의자
服 옷 복

총 6획 부衣   衣 衣 衣 衣 衣 衣

출제
단어
衣服(의복) : 몸을 가리거나 보호하기 위하여 입는 물건.
下衣(하의) : 몸의 아랫도리에 입는 옷.

빈칸
채우기
살아가는데 있어서 ＿＿食住(의식주)는 매우 중요하다.
우리 민족은 白＿＿(백의)민족이라 불렸다.

6급

服 옷 복

몸(月)을 다스려(服) 보호하는 것은 **옷**이다.

동의자
衣 옷 의

총 8획 부 月 　服 月 月 月 肝 服 服 服

출제단어
道服(도복) : 무도를 수련할 때 입는 운동복.
校服(교복) : 학교에서 학생들에게 입히는 복장.

빈칸 채우기
그는 한계를 克____(극복)한 진정한 스포츠인이다.
키가 계속 자라니까 校____(교복)을 좀 큰 것으로 사야겠다.

6급

藥 약 약

즐거움(樂)을 주는 풀(艹)은 **약**초이다.

비슷한 한자
樂 즐길 락 / 노래 악 / 좋아할 요

총 19획 부 艹 　藥 藥 藥 藥 芍 芍 荅 荅 荅 蓹 藥 藥 藥 藥 藥 藥 藥 藥 藥

출제단어
藥房(약방) : 한약을 지어 파는 곳.
名藥(명약) : 효력이 뛰어나서 소문난 약.

빈칸 채우기
____局(약국)에서 소화제를 사왔다.
____品(약품)을 구매할 때는 의사와 상의해야 한다.

> 사물

6급

창 **창**

구멍(穴)을 다(悤) 내었으니 **창문**이다.

비슷한 한자
密 빽빽할 밀

총 11획 부 穴

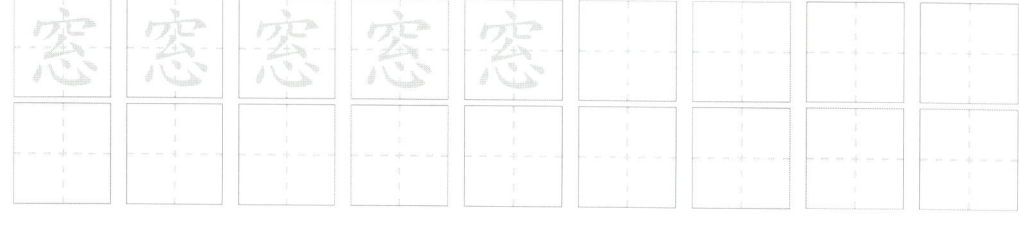

출제 단어
車窓(차창) : 기차나 자동차 따위에 달려 있는 창문.
同窓(동창) : 한 학교에서 공부를 한 사이.

빈칸 채우기
＿＿＿門(창문) 밖으로 내리는 눈을 바라보았다.
졸업한지 3년 만에 同＿＿＿(동창)을 만나서 무척 반가웠다.

8급

문 **문**

좌우 두 개의 문짝이 붙은 **문**을 본뜬 글자이다.

비슷한 한자
問 물을 문

총 8획 부 門

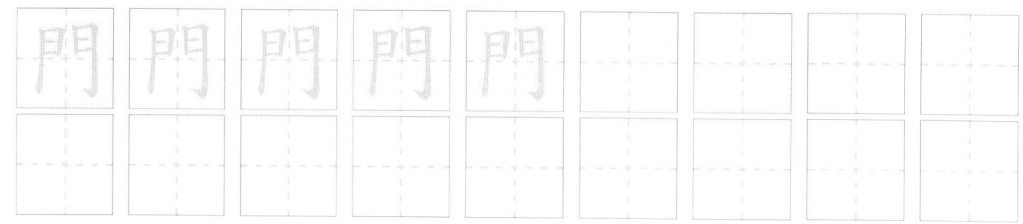

출제 단어
大門(대문) : 큰 문. 혹은 집의 정문.
門中(문중) : 가까운 친척.

빈칸 채우기
그는 일본 문화에 관해서는 專＿＿＿家(전문가)다.
집에 오면 大＿＿＿(대문)을 잘 걸어 잠가야 한다.

6급 畫 그림 화/그을 획

밭(田)의 경계선(一)을 붓(聿)으로 **그어** 정한다.

동의자: 圖 그림 도
비슷한 한자: 晝 낮 주

총 12획 부 田

フ フ ゚ ヨ ヨ 尹 圭 聿 聿 書 書 書 畫

출제단어
- 畫家(화가) : 그림 그리는 것을 직업으로 하는 사람.
- 計畫(계획) : 일에 앞서 미리 생각하여 세운 내용.

빈칸 채우기
- 김홍도는 유명한 조선시대 ＿＿＿家(화가)다.
- 미술시간에 想像＿＿＿(상상화)를 그렸다.

6급 圖 그림 도

나라(囗)의 일이 어려워(啚) 정사를 **꾀한다**.

동의자: 畫 그림 화
비슷한 한자: 圓 둥글 원

총 14획 부 口

囗 冂 冋 冋 冋 冋 冋 昌 吕 啚 啚 圖 圖

출제단어
- 全圖(전도) : 전체를 그린 그림이나 지도.
- 地圖(지도) : 지구 표면의 일부를 일정한 비율로 줄여 평면에 나타낸 그림.

빈칸 채우기
- ＿＿＿書館(도서관)에는 보고 싶은 책이 많이 있다.
- 효진이가 나를 지목한 意＿＿＿(의도)가 무엇인지 궁금하다.

> 신체

6급

頭
머리 **두**

콩(豆)의 머리(頁)니 우두**머리**다.

동의자
首 머리 수   頁 머리 혈

총 16획 부 頁   頭 頭 頭 頭 頭 頭 頭 頭 頭 頭 頭 頭

출제 단어
先頭(선두) : 맨앞. 첫머리.
頭目(두목) : 좋지 못한 집단의 우두머리.

빈칸 채우기
선미가 先____(선두)로 달리고 있다.
은송이는 학업에도 남다른 ____角(두각)을 나타냈다.

7급

面
낯 **면**

얼굴을 에워싼 모양을 본뜬 글자이다.

동의자
容 얼굴 용

총 9획 부 面   面 面 面 面 面 面 面 面

출제 단어
方面(방면) : 어떤 지역이 있는 방향.
面色(면색) : 낯빛. 안색.

빈칸 채우기
지난 번 다툼 때문에 누나가 자꾸 나를 外____(외면)한다.
지나가던 차와 正____(정면) 충돌했다.

6급

目 눈 목

흰 자위와 검은 자위로 이루어진 눈의 모양을 본뜬 글자이다.

동의자: 眼 눈 안
비슷한 한자: 日 날 일

총 5획 부目 丨 冂 冃 月 目

출제단어
題目(제목) : 작품, 강연 등에서 그것을 대표해서 붙이는 이름.
科目(과목) : 공부할 지식 분야를 갈라놓은 것.

빈칸 채우기
우승을 ___前(목전)에 두고 몸이 아파 경기를 포기하고 말았다.
공부하는 ___的(목적)은 꿈을 이루기 위해서다.

7급

口 입 구

사람의 입이나 구멍을 본뜬 글자이다.

총 3획 부口 丨 冂 口

출제단어
口文(구문) : 흥정을 붙여 주고받는 돈. 구전.
入口(입구) : 들어가는 어귀.

빈칸 채우기
선생님께서 ___演(구연)동화를 들려주셨다.
우리나라에서 서울의 人___(인구)가 제일 많다.

> 신체

☐ 7급

손 **수**

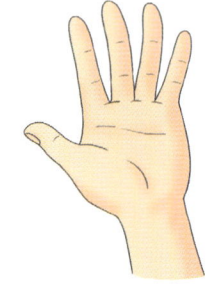

손의 다섯 손가락을 편 모양과 바닥 모양을 본뜬 글자이다.

반의자 足발 족

총 4획 부手 手 手 手 手

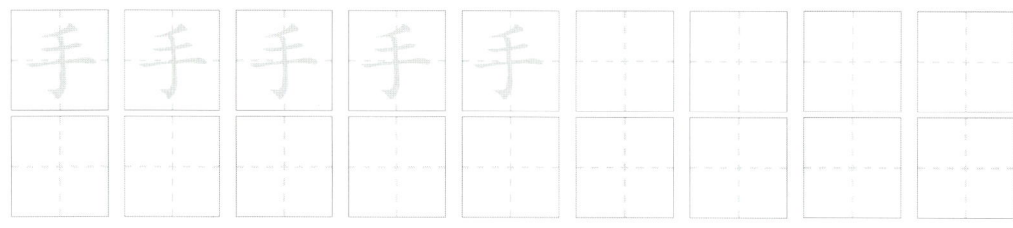

출제단어
強手(강수) : 바둑 등에서 위험을 무릅쓴 강한 수.
手足(수족) : 손과 발.

빈칸채우기
세수한 다음에 ＿＿＿巾(수건)으로 얼굴을 닦았다.
내 꿈은 歌＿＿＿(가수)다.

☐ 7급

발 **족**

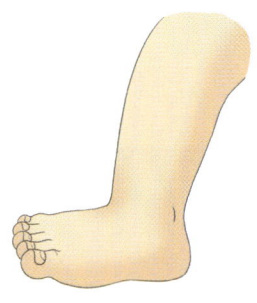

발과 무릎의 모양을 본뜬 글자이다.

반의자 手손 수

총 7획 부足 足 足 足 足 足 足 足

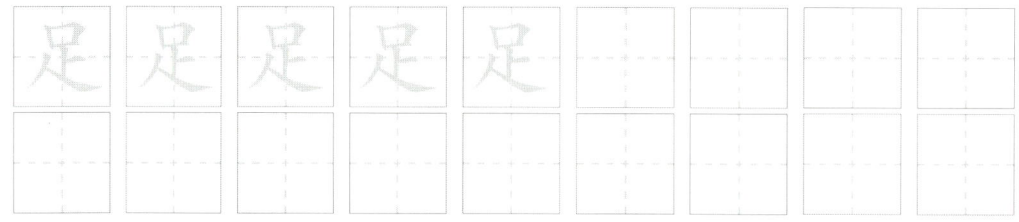

출제단어
足球(족구) : 배구와 비슷하며 발로 공을 차서 두 팀이 승부를 다투는 구기.
不足(부족) : 넉넉하지 못함.

빈칸채우기
아프리카는 물이 不＿＿＿(부족)한 지역이다.
나는 지금 내 상황에 滿＿＿＿(만족)한다.

6급

身
몸 신

아이 밴 여자의 불룩한 배 모양을 본 뜬 글자로 몸을 뜻한다.

동의자	반의자
體몸 체	心마음 심

총 7획 부 身   ´ ⺈ ⺁ 亻 自 身 身

출제 단어
- 身上(신상) : 한 사람의 몸이나 처신.
- 身分(신분) : 개인의 사회적인 위치나 계급.

빈칸 채우기
- 自____(자신)의 일은 스스로 하자.
- 이번에 당선된 시장은 대전 出____(출신)이다.

6급

體
몸 체

뼈(骨)와 살과 오장(豊)으로 구성된 것이 몸이다.

동의자	반의자
身몸 신	心마음 심

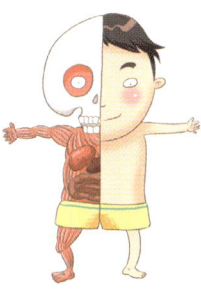

총 23획 부 骨

출제 단어
- 主體(주체) : 사물의 주장이 되는 부분.
- 體育(체육) : 운동을 통하여 신체를 튼튼하게 단련시키는 일.

빈칸 채우기
- 身____(신체) 건강한 남자는 군대에 간다.
- ____力(체력)은 국력이다.

> 신체

6급

모양 형

아름다운 선으로 그린 테두리의 모양에서 **모양**, **형태**를 의미한다.

동의자
像 모양 상

총 7획 부 彡   形 形 形 形 形 形 形

출제
단어

物形(물형) : 물건의 생김새.
形式(형식) : 사물이 외부로 나타나 보이는 모양.

빈칸
채우기

국어시간에 ___式(형식)에 얽매이지 말고, 자유로운 글짓기를 하라고 하셨다.
청소년기는 인격을 ___成(형성)하는 데에 매우 중요한 시기다.

6급

뿔 각

짐승의 머리에 난 **뿔**을 본뜬 글자이다.

비슷한 한자
用 쓸 용

총 7획 부 角   角 角 角 角 角 角 角

출제
단어

角度(각도) : 생각의 방향이나 관점.
頭角(두각) : 뛰어난 학식·재능·기예.

빈칸
채우기

그들은 서로 다른 ___度(각도)에서 말하고 있다.
이건 빙산의 一___(일각)이다.

확인학습 4회

※ 다음 漢字의 訓과 音을 쓰시오.(1~10)

> 보기　字 → 글자 자

(1) 金　　　　(2) 旗
(3) 球　　　　(4) 服
(5) 窓　　　　(6) 畫
(7) 面　　　　(8) 足
(9) 體　　　　(10) 角

※ 다음 漢字語의 讀音을 쓰시오.(11~16)

> 보기　漢字 → 한자

(11) 銀色　　　(12) 內衣
(13) 藥草　　　(14) 地圖
(15) 身體　　　(16) 形成

※ 다음 漢字의 讀音을 보고 漢字를 쓰시오.(17~26)

> 보기　봄 춘 → 春

(17) 종이 지　　(18) 약 약
(19) 머리 두　　(20) 눈 목

(21) 모양 형　　　　(22) 몸 신
(23) 그림 도　　　　(24) 물건 물
(25) 은 은　　　　　(26) 수레 거·차

※ 다음 漢字와 음이 같은 漢字를 골라 그 번호를 쓰시오.(27~28)

(27) 畫 :　① 晝　② 花　③ 衣　④ 角
(28) 圖 :　① 道　② 門　③ 冬　④ 正

※ 다음 漢字와 뜻이 비슷한 漢字를 골라 그 번호를 쓰시오.(29~31)

(29) 衣 :　① 窓　② 服　③ 球　④ 車
(30) 圖 :　① 物　② 門　③ 畫　④ 面
(31) 身 :　① 衣　② 足　③ 角　④ 體

※ ㉠획의 쓰는 순서를 아래에서 골라 그 번호를 쓰시오.(32~33)

(32) 門㉠　① 여덟번째　② 여섯번째　③ 다섯번째　④ 네번째

(33) 物㉠　① 네번째　② 세번째　③ 다섯번째　④ 두번째

> 사람

7급

장인 **공**

목수, **장인**들이 사용하는 자의 모양을 본뜬 글자이다.

비슷한 한자
土 흙 토 士 선비 사

총 3획 부 工   一 丁 工

| 출제 단어 | 工夫(공부) : 학문이나 기술 등을 배우고 익힘.
工場(공장) : 기계시설을 갖추고 근로자가 생산에 종사하는 시설. |

| 빈칸 채우기 | ＿＿夫(공부)를 마치면 바로 나가 놀고 싶다.
이 주변은 ＿＿場(공장)이 많은 산업단지입니다. |

8급

군사 **군**

수레(車)의 주위를 둘러싸 덮은(冖) 사람은 진을 치고 있는 **군사**들이다.

동의자
兵 병사 병

총 9획 부 車

| 출제 단어 | 軍事(군사) : 군대 또는 전쟁에 관한 일.
反軍(반군) : 군부에 반대함. |

| 빈칸 채우기 | 우리 삼촌은 ＿＿人(군인)이다.
이라크에서 전쟁이 일어났을 때 우리 ＿＿使(군사)들도 파병되었다. |

> 사람

7급

男
사내 **남**

밭(田)에 나가 힘차게(力) 일하는 사람은 **사내**들이다.

반의자
女 계집 녀

총 7획 부田

출제단어
男女(남녀) : 남자와 여자.
長男(장남) : 맏아들.

빈칸채우기
우리 반에는 ＿＿＿子(남자)가 좀 더 많다.
우리 집 형제는 六＿＿＿妹(육남매)다.

8급

女
계집 **녀**

손을 맞잡고 무릎을 구부리고 앉은 여자를 본뜬 글자이다.

반의자
男 사내 남

총 3획 부女 ㄑ 女 女

출제단어
女人(여인) : 어른이 된 여자.
女學校(여학교) : 여자만을 가르치는 학교.

빈칸채우기
오른쪽으로 돌아가면 ＿＿＿子(여자) 화장실이 나옵니다.
＿＿＿性(여성)의 사회 참여가 늘고 있다.

☐ 8급

아버지 **부**

흩어져(八) 있는 가족을 손에 매(乂)를 들고 통솔하니 **아버지**이다.

총 4획 부父　

| 출제 단어 | 父女(부녀) : 아버지와 딸.
同父(동부) : 아버지가 같음. |

| 빈칸 채우기 | ____母(부모)님을 모시고, 학예회를 열었다.
____子(부자)가 함께 목욕탕에 가는 모습이 정겹다. |

☐ 8급

어머니 **모**

두 개의 유방을 가진 여자를 본뜬 글자이다.

총 5획 부母　

| 출제 단어 | 母女(모녀) : 어머니와 딸.
父母(부모) : 아버지와 어머니. |

| 빈칸 채우기 | 십년 만에 ____國(모국)에 돌아오니 정말 기쁘다.
아랫집 ____子(모자)는 많이 닮았다. |

> 사람

7급

지아비 부

하늘(天)보다 높은(|) 사람은 남편이다.

반의자
妻 아내 처

총 4획 부大   夫 夫 夫 夫

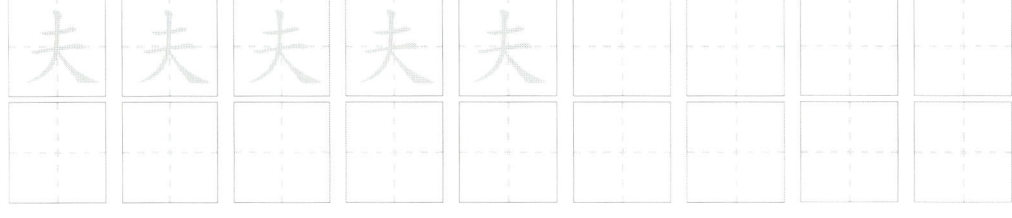

출제 단어
夫人(부인) : 남의 아내를 높여 부르는 말.
人夫(인부) : 품삯을 받고 일하는 사람.

빈칸 채우기
이 분은 사장님 ＿＿＿人(부인)이십니다.
두 사람이 ＿＿＿婦(부부)가 되는 자리에 참석했다.

8급

사람 인

사람이 옆을 향한 모양을 본뜬 글자이다.

비슷한 한자
入 들 입

총 2획 부人   人 人

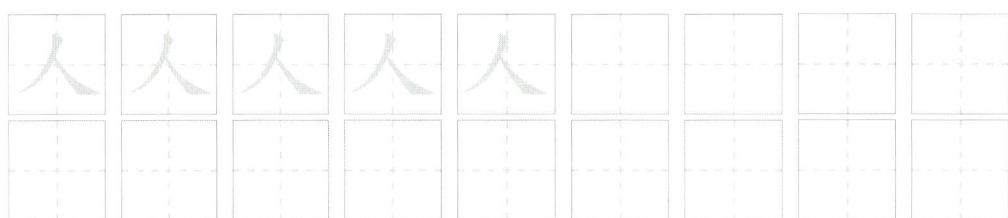

출제 단어
人格(인격) : 사람으로서의 됨됨이.
人命(인명) : 사람의 목숨.

빈칸 채우기
영희가 걸어오면서 나한테 ＿＿＿事(인사)를 했다.
숟가락과 젓가락은 個＿＿＿(개인)별로 알아서 준비한다.

8급

王

임금 **왕**

삼(三)덕을 하나로 꿰뚫은(丨) 덕을 갖춘 사람이 **임금**이다.

동의자
君 임금 군

비슷한 한자
玉 구슬 옥

총 4획　부王　一　二　千　王

출제 단어
王命(왕명) : 임금의 명령.
王族(왕족) : 임금의 친족.

빈칸 채우기
한글을 창제한 분은 世宗大____(세종대왕)님이다.
이번 공연은 영국 ____室(왕실)이 주최한 자선 공연이다.

8급

民

백성 **민**

씨족(氏)들이 모여서(一) 사니 **백성**이다.

반의자
王 임금 왕

총 5획　부氏　㇆　㇇　尸　民　民

출제 단어
民家(민가) : 일반 국민의 집.
民心(민심) : 백성의 마음.

빈칸 채우기
통일은 國____(국민)적 염원이다.
대한민국은 ____主主義(민주주의) 국가다.

> 사람

7급

아들 자

어린 아이가 양팔을 펼치고 있는 모양을 본뜬 글자이다.

반의자: 女계집 녀
비슷한 한자: 予나 여

총 3획 부 子   子 了 子

출제 단어
子孫(자손) : 아들과 손자.
父子(부자) : 아버지와 아들.

빈칸 채우기
할머니는 슬하에 다섯 ＿＿女(자녀)를 두셨다.
돈을 빌렸으니 利＿＿(이자)를 내야한다.

6급

아이 동

마을(里)에서 뛰어다니며(立) 노는 것이 아이들이다.

동의자: 兒아이 아
반의자: 丈어른 장

총 12획 부 立   童 童 童 童 音 音 音 音 童 童 童

출제 단어
童男(동남) : 사내아이.
文童(문동) : 서당에서 함께 글공부하는 아이.

빈칸 채우기
＿＿話(동화)책을 읽다가 잠이 들었다.
모처럼 ＿＿心(동심)으로 돌아가 즐겁게 놀았다.

☐ 7급

할아버지 **조**

신위(示)를 차례대로(且) 모셔 할아버지를 섬긴다.

반의자 孫손자 손
비슷한 한자 租조세 조

총 10획 부示

출제 단어
祖父(조부) : 할아버지.
先祖(선조) : 할아버지 이상의 조상.

빈칸 채우기
차례를 지내 ____ 上(조상)을 모신다.
자랑스러운 나의 ____ 國(조국)을 위해서 싸웠다.

☐ 6급

손자 **손**

자식(子)에게서 자식에게로 이어(系)지는것으로 손자를 뜻한다.

반의자 祖할아버지 조
비슷한 한자 係맬 계

총 10획 부子

출제 단어
孫女(손녀) : 자식의 딸.
後孫(후손) : 이후에 태어나는 자손들.

빈칸 채우기
아름다운 자연을 子____(자손)에게 물려주어야 한다.
할아버지는 ____子(손자)의 재롱을 보는 게 더없는 즐거움이라고 하셨다.

> 사람

8급

兄

형 형

어진 말(口)로 동생들의 본이 되는 사람(儿)이 형이다.

총 5획 부 儿   兄 兄 兄 兄 兄

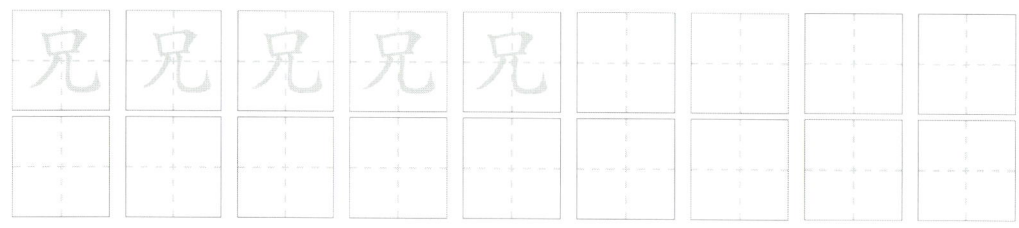

출제 단어
兄夫(형부) : 언니의 남편.
兄弟(형제) : 형과 아우.

빈칸 채우기
누나의 남편은 妹____(매형)이다.
언니의 남편은 ____夫(형부)다.

8급

弟

아우 제

조상할(弔) 때 양쪽에서 지팡이(丿)를 짚고 서 있는 사람이 아우다.

비슷한 한자
第 차례 제

총 7획 부 弓   弟 弟 弟 弟 弟 弟 弟

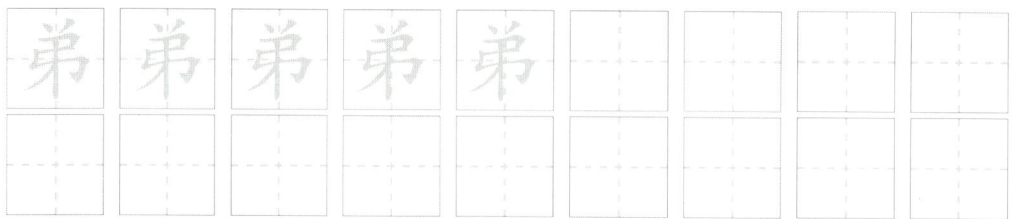

출제 단어
弟子(제자) : 스승으로부터 가르침을 받는 사람.
門弟(문제) : 문하생.

빈칸 채우기
그는 김 교수님의 ____子(제자)다.
兄____(형제)간에 사이가 참 좋다.

☐ 7급

임금·주인 **주**

촛대 위의 심지에 불이 켜져 있는 모양을 본뜬 글자이다.

반의자
客손 객

총 5획 부 丶 　主 　一 　二 　キ 　主

출제 단어
主動(주동) : 어떤 일의 주장이 되어 움직임.
主力(주력) : 중심이 되는 힘.

빈칸 채우기
이 자리에 ＿＿人(주인)이 있습니다.
그는 자신의 ＿＿張(주장)만을 고수한다.

☐ 6급

의원 **의**

신음하는(殹) 환자에게 약술(酉)을 먹여 병을 고치는 사람이니 의원이다.

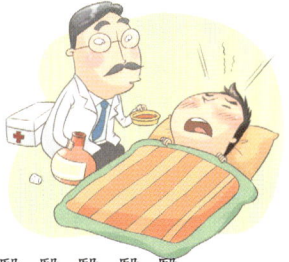

총 18획 부酉   醫 醫 醫 醫 醫 醫 醫 醫 醫 醫 醫 醫 醫 醫

출제 단어
醫科(의과) : 조선 시대에 의술에 정통한 사람을 시험하여 뽑던 과거.
名醫(명의) : 병을 잘 고쳐 이름난 의원이나 의사.

빈칸 채우기
하루빨리 ＿＿師(의사)에게 진단을 받는 것이 좋겠다.
허준은 名＿＿(명의)였다.

> 사람

6급

놈 자

머리가 하얀(白) 늙은(耂) 사람이 젊은 이에게 놈이라 부른다.

비슷한 한자
著 지을 저

총 9획 부 耂

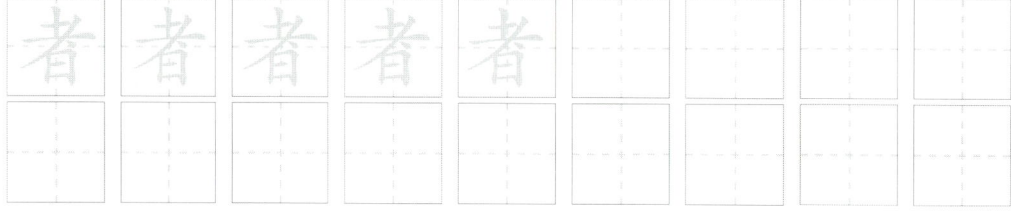

출제 단어
強者(강자) : 힘이 세거나 세력이 강한 생물.
作者(작자) : 물건이나 예술 작품을 만드는 사람.

빈칸 채우기
그는 물리학 분야에서 유명한 學____(학자)이다.
사은품은 加入____(가입자)에게만 드립니다.

6급

겨레 족

깃발(方) 아래 화살(矢)을 가지고 모여 있는 것이 겨레이다.

비슷한 한자
旅 나그네 려

총 11획 부 方

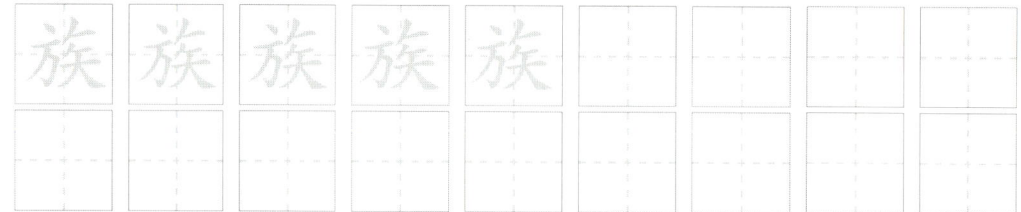

출제 단어
漢族(한족) : 중국 본토에서 예전부터 살아온 중심이 되는 겨레.
族長(족장) : 일족(一族)의 어른이나 우두머리 되는 사람.

빈칸 채우기
우리 家____(가족)은 여행을 좋아한다.
일제강점기에 우리 民____(민족)은 엄청난 시련을 겪었다.

> 감정

7급

편할 **편**/똥오줌 **변**

사람(亻)이 불편한 곳을 다시(更) 고쳐서 **편하게** 만든다.

비슷한 한자: 更 다시 갱
동의자: 安 편안 안

총 9획 부 亻   丿 亻 亻 亻 仁 佢 佢 便 便

출제 단어
便利(편리) : 편하고 이로우며 이용하기 쉬움.
便所(변소) : 대소변을 볼 수 있게 만들어 놓은 곳.

빈칸 채우기
____安(편안)한 여행을 즐기십시오.
用____(용변)을 보러 화장실에 간다.

7급

편안 **안**

집(宀)안은 여자(女)가 돌봐야 **편안**하다.

동의자: 寧 편안 녕   便 편할 편/ 똥오줌 변

총 6획 부 宀   ' 宀 宀 宀 安 安

출제 단어
安樂(안락) : 편안하고 즐거움.
安心(안심) : 걱정이 없이 마음을 편히 가짐.

빈칸 채우기
엄마의 얼굴을 보고 ____定(안정)을 찾았다.
____樂(안락)한 의자에 앉아 텔레비전을 본다.

> 감정

6급

즐길 **락** /노래 **악** /좋아할 **요**

나무(木) 받침대 위에 북을 올려놓고 치니 악기이다.

반의자
悲슬플 비

총 15획 부木

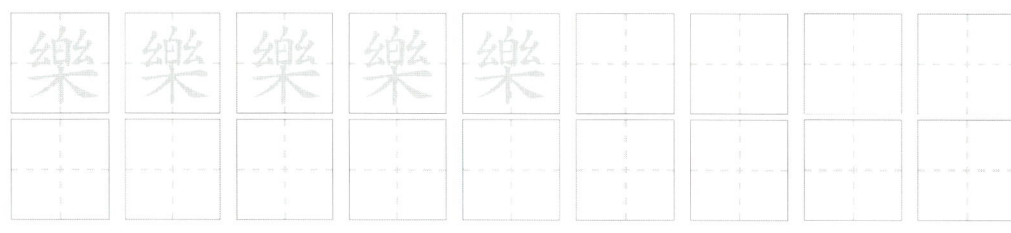

출제 단어
苦樂(고락) : 괴로움과 즐거움을 아울러 이르는 말.
樂園(낙원) : 아무런 걱정 없이 살 수 있는 즐거운 곳.

빈칸 채우기
그는 나와 苦____(고락)을 같이 해온 친구다.
좋은 책을 읽는 것이 인간이 누릴 수 있는 快____(쾌락) 중 하나이다.

6급

순박할·성 **박**

나무(木) 등걸에다 점(卜)을 치니 순박하다.

비슷한 한자
材재목 재

총 6획 부木

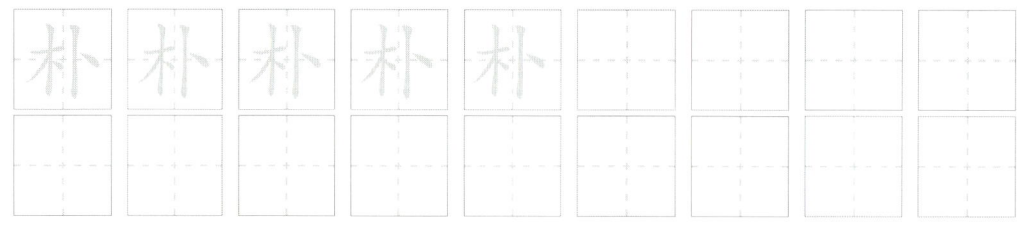

출제 단어
素朴(소박) : 꾸밈이 없이 순수하고 자연스러움.
古朴(고박) : 고지식하고 소박함.

빈칸 채우기
그의 차림새는 素____(소박)했다.
자경이는 시골에서 자라서인지 淳____(순박)한 마음을 가지고 있다.

□ 6급

急
급할 급

사람(人)이 마음(心)과 손(⇒)이 바쁘면 급한 것이다.

동의자 速빠를 속
반의자 緩느릴 완

총 9획 부心   急急急急急急急急急

출제단어
急行(급행) : 급히 감.
急進(급진) : 서둘러 급히 나아감.

빈칸채우기
早____(조급)하게 생각하지 말고 천천히 해라.
지금 가장 時____(시급)한 문제는 교통편이다.

□ 6급

信
믿을 신

사람(亻)이 하는 말(言)에는 믿음이 있어야 한다.

총 9획 부亻   信信信信信信信信信

출제단어
信實(신실) : 믿음직하고 착실함.
通信(통신) : 소식을 전함.

빈칸채우기
고객에게 ____用(신용)을 얻는 것이 중요하다.
전화기 受____(수신)에는 문제가 없다.

> 감정

6급

親
친할 **친**

서(立)있는 나무(木)를 보살피는(見) 모습이니 **친하다**.

비슷한 한자
視 볼 시

총 16획 부見   親親親親親親親親親親親親親親親親

親	親	親	親	親				

출제 단어
親愛(친애) : 친밀히 사랑함. 또는 그 사랑.
母親(모친) : '어머니'를 정중히 이르는 말.

빈칸 채우기
이 직원은 손님에게 매우 ____切(친절)하다.
우리는 마음이 잘 통해서 금세 ____近(친근)한 사이가 되었다.

6급

和
화할 **화**

곡식(禾)으로 식구가 밥을 지어 먹을 (口) 때는 **화목하다**.

총 8획 부口   和和和和和和和和

和	和	和	和	和				

출제 단어
和樂(화락) : 화평하고 즐거움.
和答(화답) : 시나 노래에 서로 응하여 대답함.

빈칸 채우기
우리 집은 형제간에 ____合(화합)이 잘된다.
핵이 세계의 平____(평화)를 위협한다.

□ 6급

통할 **통**

뚫려(甬) 있는 길을 가니(辶) 어디로든
통한다.

동의자
成 이룰 성

총 11획 부辶   通 乛 冖 甬 甬 甬 涌 诵 诵 通

출제단어
通信(통신) : 소식, 의지, 지식 등을 남에게 전함.
通行(통행) : 길로 통하여 다님.

빈칸채우기
공사 중이라 ＿＿＿行(통행)을 할 수 없는 길이다.
이 길은 학교로 가는 유일한 ＿＿＿路(통로)다.

□ 6급

느낄 **감**

마음(心)이 동요되어 함성(咸)을 지르
며 **감격한다**.

비슷한 한자
減 덜 감

총 13획 부心   厂 厂 厃 厃 戍 咸 咸 咸 感 感 感

출제단어
交感(교감) : 서로 맞대어 느낌.
直感(직감) : 사물을 접하였을 때에 설명 따위가 없이 진상을 곧바로 느껴 앎.

빈칸채우기
모든 ＿＿＿覺(감각)이 마비되는 것 같았다.
책을 읽은 다음에 ＿＿＿想(감상)을 쓰는 숙제가 있다.

> 감정

6급

다행 **행**

마른 땅(土)에 싹(羊)이 터 오르니 **다행**이다.

비슷한 한자
辛 매울 신

총 8획 부 干   幸 幸 幸 幸 幸 幸 幸 幸

출제 단어
萬幸(만행) : 만일의 요행.
不幸(불행) : 행복하지 아니함.

빈칸 채우기
하마터면 큰 사고가 날뻔 했는데 多____(다행)이다.
좋아하는 친구와 함께 놀러가니 ____福(행복)하다.

6급

특별할 **특**

관청(寺)에서 기르는 숫소(牛)는 몸집이 크고 **특별**한 데가 있다.

비슷한 한자
待 기다릴 대

총 10획 부 牛   特 特 特 特 特 特 特 特 特 特

출제 단어
特別(특별) : 보통과 다름.
特出(특출) : 특별히 뛰어남.

빈칸 채우기
너에게만 주는 ____別(특별)한 선물이다.
선인장은 건조한 기후에도 잘 견디는 ____性(특성)이 있다.

□ 6급

愛
사랑 애

따뜻한 마음(心)을 받으니(受) 사랑을 받는 것이다.

동의자 慈 사랑 자
반의자 惡 악할 악/미워할 오

총 13획 부 心   愛愛愛愛愛愛愛愛愛愛

출제 단어
愛讀(애독) : 즐겨 재미있게 읽음.
愛情(애정) : 사랑하는 마음.

빈칸 채우기
윗집 형제는 友_____(우애)가 넘친다.
우리 어머니는 慈_____(자애)로우십니다.

□ 7급

心
마음 심

심장의 모양을 본뜬 글자로 마음을 뜻한다.

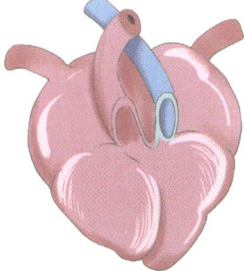

총 4획 부 心   心心心心

출제 단어
人心(인심) : 남의 딱한 처지를 알아주고 도와주는 마음.
中心(중심) : 한가운데. 중요하고 기본이 되는 부분.

빈칸 채우기
해외에 나가서 생활하다보면 자연스레 愛國_____(애국심)이 생긴다.
오랜 객지생활로 _____身(심신)이 지쳤다.

확인학습 5회

※ 다음 漢字의 訓과 音을 쓰시오.(1~10)

보기   字 → 글자 자

(1) 男   (2) 童
(3) 孫   (4) 族
(5) 樂   (6) 信
(7) 通   (8) 幸
(9) 愛   (10) 心

※ 다음 漢字語의 讀音을 쓰시오.(11~16)

보기   漢字 → 한자

(11) 孫子   (12) 男女
(13) 急行   (14) 和平
(15) 多幸   (16) 愛校

※ 다음 漢字의 讀音을 보고 漢字를 쓰시오.(17~26)

보기   봄 춘 → 春

(17) 할아버지 조   (18) 놈 자
(19) 의원 의   (20) 편안 안

(21) 순박할 · 성 박   (22) 급할 급
(23) 친할 친   (24) 느낄 감
(25) 특별할 특   (26) 편할 편 / 똥오줌 변

※ 다음 漢字와 음이 같은 漢字를 골라 그 번호를 쓰시오.(27~28)

(27) 父 :   ① 母   ② 女   ③ 夫   ④ 和
(28) 者 :   ① 主   ② 祖   ③ 兄   ④ 子

※ 다음 漢字와 뜻이 비슷한 漢字를 골라 그 번호를 쓰시오.(29~30)

(29) 便 :   ① 民   ② 安   ③ 愛   ④ 信
(30) 親 :   ① 新   ② 弟   ③ 和   ④ 主

※ ㉠획의 쓰는 순서를 아래에서 골라 그 번호를 쓰시오.(31~33)

(31) 和㉠   ① 두번째   ② 세번째   ③ 네번째   ④ 첫번째

(32) 幸㉠   ① 일곱번째   ② 여덟번째   ③ 여섯번째   ④ 다섯번째

(33) 信㉠   ① 아홉번째   ② 일곱번째   ③ 여덟번째   ④ 여섯번째

> 상태

7급

빌 공

구멍(穴)을 파 만든(工) 것이 빈 공간이다.

동의자 虛빌 허
반의자 滿찰 만

총 8획 부穴

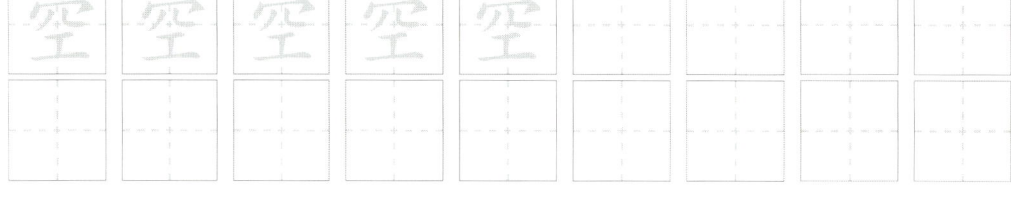

출제단어
空間(공간) : 하늘과 땅 사이.
空中(공중) : 하늘. 하늘 가운데.

빈칸채우기
____間(공간) 활용에 좋은 가구가 필요하다.
____氣(공기) 중에 미세먼지들이 많아서 호흡이 힘들다.

6급

클 태

큰(大) 것에 점(丶)을 더하니 아주 크다는 뜻이다.

반의자 小작을 소
동의자 大큰 대 巨클 거

총 4획 부大

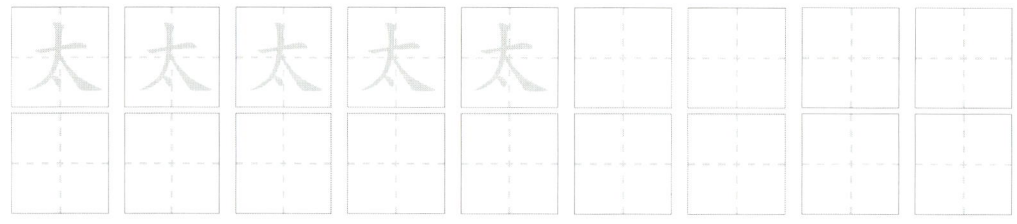

출제단어
太古(태고) : 아득한 옛날.
太半(태반) : 반수 이상.

빈칸채우기
시험을 코앞에 두고 어쩜 그렇게 ____平(태평)한지 모르겠다.
국경일에는 집집마다 ____極旗(태극기)를 게양한다.

8급

大
큰 대

사람이 양팔과 양발을 벌리고 서 있는 모양을 본뜬 글자이다.

- 동의자: 太 클 태
- 반의자: 小 작을 소
- 비슷한 한자: 犬 개 견

총 3획 부 大   一 ナ 大

출제 단어
- 大家(대가) : 학문이나 기술에 뛰어난 훌륭한 사람.
- 大道(대도) : 큰 길. 사람이 마땅히 지켜야 할 도리.

빈칸 채우기
- 누나가 이번에 ____學(대학)에 합격했다.
- 우리 반 학생 ____部分(대부분)이 학원에 다닌다.

8급

小
작을 소

매우 작고 가는 것의 모습을 본뜬 글자이다.

- 반의자: 大 큰 대
- 비슷한 한자: 少 적을 소

총 3획 부 小   亅 小 小

출제 단어
- 小數(소수) : 적은 수.
- 小心(소심) : 조심성이 많음. 주의함.

빈칸 채우기
- ____說(소설)책이 너무 재미있어서 시간가는 줄 몰랐다.
- 날씨가 너무 추워서 자주 ____便(소변)이 마렵다.

> 상태

6급

많을 다

신에게 바치는 고기를 쌓은 모양으로 물건이 많음을 나타내는 것에서 유래했다.

반의자: 少적을 소

총 6획 부夕

多多多多多多

- 출제 단어
  - 多角(다각) : 모가 많음. 여러 방면에 걸침.
  - 多幸(다행) : 뜻밖에 일이 잘되어 운이 좋음.

- 빈칸 채우기
  - 大____數(대다수)의 초등학생들이 게임을 좋아한다.
  - 약물을 過____(과다)하게 섭취하는 것은 오히려 해롭다.

7급

적을 소

작은(小) 것을 얇게(ノ) 깎아내니 적은 양이다.

반의자: 多많을 다
비슷한 한자: 小작을 소

총 4획 부小

ノ 小 小 少

- 출제 단어
  - 少女(소녀) : 어린 여자 아이.
  - 多少(다소) : 분량이나 정도의 많음과 적음.

- 빈칸 채우기
  - 찐빵은 男女老____(남녀노소) 모두 좋아하는 겨울철 간식이다.
  - ____年(소년)이여 일어나라.

☐ 7급

늙을 **로**

허리가 구부러진 사람이 지팡이에 의지해 있는 모양을 본뜬 글자이다.

반의자
少적을 소

총 6획 부老   一 + 土 耂 耂 老

출제 단어
老年(노년) : 늙은 나이.
老少(노소) : 늙은이와 어린 아이.

빈칸 채우기
버스에는 敬＿＿＿(경로)우대석이 있다.
＿＿＿人(노인)들은 자주 건강검진을 받아야 한다.

☐ 8급

긴 **장**

수염을 길게 늘어뜨린 노인의 모습을 본뜬 글자이다.

반의자
短짧을 단

총 8획 부長   ー Ⲅ F F 토 長 長 長

출제 단어
長久(장구) : 길고 오램.
長短(장단) : 긴 것과 짧은 것.

빈칸 채우기
야오밍은 유명한 ＿＿＿身(장신) 농구선수다.
영양소를 골고루 섭취하는 것이 어린이 成＿＿＿(성장)에 좋다.

> 상태

6급

길 **영**

여러 갈래의 물줄기가 합쳐져 흐르는 모양을 본뜬 글자이다.

동의자: 長긴 장
반의자: 短짧을 단
비슷한 한자: 氷얼음 빙

총 5획 부水   永 永 永 永 永

출제단어
永生(영생) : 영원한 생명. 또는 영원히 삶.
永遠(영원) : 어떤 상태가 끝없이 이어짐.

빈칸 채우기
이 수술은 ____久(영구)적이다.
제이는 미국에서 태어나서 ____住(영주)권을 가지고 있다.

6급

짧을 **단**

화살(矢)이 콩알(豆)만하니 짧은 거리 밖에 못 간다.

반의자: 長긴 장

총 12획 부矢   短 短 短 短 短 短 短 短 短 短

출제단어
短文(단문) : 짧은 글.
長短(장단) : 길고 짧음.

빈칸 채우기
사람은 각자 ____點(단점)을 가지고 있다.
수영 강습을 ____期(단기)에 마쳤다.

6급

在
있을 재

흙(土)을 뚫고 싹이 나오듯 땅 위에는 모든 것이 존재한다.

반의자 동의자
無없을 무 有있을 유

총 6획 부 土   在 在 在 在 在 在

출제 단어
在京(재경) : 서울에 있음.
內在(내재) : 어떤 사물이나 범위 안에 있음.

빈칸 채우기
現____(현재) 시간은 오후 두시입니다.
대학교 ____學生(재학생)을 대상으로 설문조사를 실시했다.

7급

有
있을 유

사람은 손과 몸(月)을 가지고 있다.

동의자 반의자
在있을 재 無없을 무

총 6획 부 月   一 ナ 才 有 有 有

출제 단어
有利(유리) : 이익이 있음.
所有(소유) : 가지고 있음.

빈칸 채우기
상대편이 사람 수가 더 많아서 ____利(유리)하다.
이 고장은 빼어난 경치로 ____名(유명)하다.

> 상태

6급

사라질 **소**

물(氵)이 증발하여 적어시니(肖) 사라진다.

비슷한 한자
肖 닮을 초

총 10획 부 氵   消 消 消 消 消 消 消 消 消 消

출제 단어
消火(소화) : 건물이나 물건 등에 붙은 불을 끔.
一消(일소) : 모조리 지워버림.

빈칸 채우기
돈을 버는 만큼 ＿＿＿費(소비)한다.
형의 결혼은 올해 들어 가장 기쁜 ＿＿＿息(소식)이다.

7급

무거울 **중**

마을(里) 사람들이 많이(千) 모아 두는 것은 무겁고 귀중한 물건이다.

반의자
輕 가벼울 경

총 9획 부 里   重 重 重 重 重 重 重 重 重

출제 단어
重用(중용) : 중요한 자리에 임용하는 것.
重大(중대) : 매우 중요하게 여김.

빈칸 채우기
겉모습보다 마음이 더 ＿＿＿要(중요)하다.
연극에서 내가 맡은 역할의 比＿＿＿(비중)은 매우 작다.

7급

直
곧을 직

숨어도(ㄴ) 여러(十) 곳으로 보니(目) 곧게 보인다.

동의자: 貞 곧을 정
반의자: 屈 굽을 굴

총 8획 부目

一 十 十 冇 冇 有 直 直

출제 단어
直角(직각) : 수평선과 수직선이 이루는 각. 즉 90도.
下直(하직) : 먼 길을 떠날 때에 웃어른께 작별을 아룀.

빈칸 채우기
우리 집 가훈은 正____(정직)이다.
내가 넘어지기 ____前(직전)에 손을 잡아줬다.

7급

平
평평할 평

뿌리가 없이 물 위에 떠 있는 물풀의 모양을 본뜬 글자이다.

동의자: 均 고를 균

총 5획 부干

一 一 一 平 平

출제 단어
平民(평민) : 벼슬이 없는 일반민.
平等(평등) : 차별이 없이 동등한 등급.

빈칸 채우기
____素(평소)에 잘해야지.
____日(평일)에는 약속을 잡기가 어렵다.

> 상태

7급

全

온전 **전**

홈이 없는 쪽으로 넣는(入) 구슬(王)이니 **온전하다**.

동의자 비슷한 한자
完 완전할 완   金 쇠 금 / 성 김

총 6획 부 入

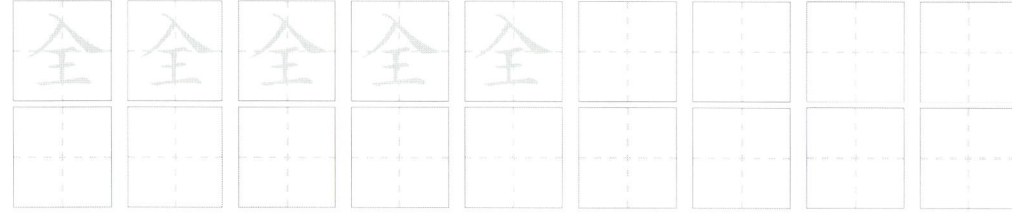

출제 단어
全力(전력) : 모든 힘.
全面(전면) : 어떤 범위의 전체.

빈칸 채우기
내 동생은 항상 "___部(전부) 내꺼야!"라고 우긴다.
계란을 完___(완전)히 익혀 먹는 게 더 좋다.

7급

正

바를 **정**

발(止)을 가지런히 모으고(一) **바르게** 걸어간다.

반의자
反 돌이킬 · 돌아올 반

총 5획 부 止

출제 단어
正當(정당) : 바르고 옳음.
正常(정상) : 특별한 변동이 없이 제대로인 상태.

빈칸 채우기
___答(정답)은 선생님만 알고 계신다.
3번 선수가 不___(부정) 출발했다.

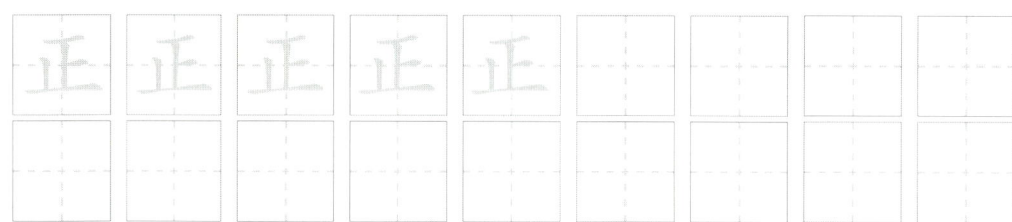

☐ 6급

高
높을 고

성의 망루를 본떠서 만든 글자이다.

반의자
低낮을 저

총 10획 부 高   高 高 高 高 高 高 高 高

출제 단어
高下(고하) : 위와 아래. 귀하고 천함.
高速(고속) : 아주 빠른 속도.

빈칸 채우기
그는 꾸준한 노력으로 最____(최고)의 자리에 올랐다.
너에게만 알려주는 ____級(고급) 정보다.

☐ 6급

近
가까울 근

무거운(斤) 짐을 가져가는(辶) 것은 가까운 거리다.

반의자
遠멀 원

비슷한 한자
返돌아올 반

총 8획 부 辶   近 近 斤 斤 近 近 近 近

출제 단어
近古(근고) : 멀지 않은 예전.
近方(근방) : 가까운 곳.

빈칸 채우기
____來(근래)들어 감기가 유행하고 있다.
最____(최근) 주변에 일어나고 있는 일들 때문에 심란하다.

> 상태

6급

遠
멀 원

긴(袁) 길을 걸어가니(辶) 멀고 아득하다.

동의자: 遙 멀 요
반의자: 近 가까울 근

총 14획 부辶

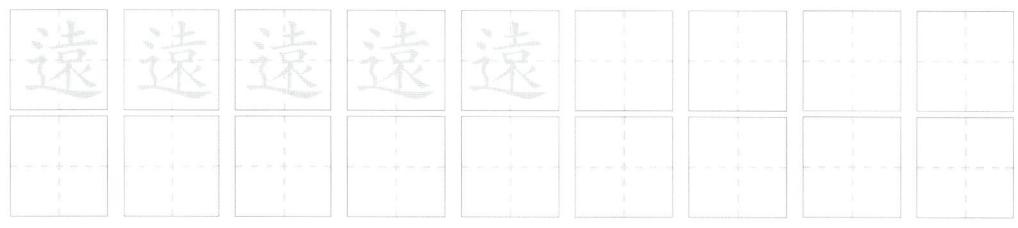

출제단어
遠近(원근) : 멀고 가까움.
遠大(원대) : 계획이나 희망 따위의 장래성과 규모가 큼.

빈칸채우기
풍경화를 그릴 때는 ＿＿近(원근)감이 느껴지도록 그린다.
우리의 사랑은 永＿＿(영원)할 것이다.

7급

色
빛 색

사람(人)이 뱀(巴)을 보면 놀라 낯빛이 변한다.

비슷한 한자: 邑 고을 읍

총 6획 부色

출제단어
色相(색상) : 육안으로 볼 수 있는 모든 물질의 형상.
色素(색소) : 물체의 색의 본질.

빈칸채우기
＿＿相(색상)이 화려해서 마음에 든다.
천연＿＿素(색소)를 넣어 만든 아이스크림이다.

8급

白
흰 백

햇볕(日)이 비치면(ヽ) 밝고 희게 보이다.

반의자
黑 검을 흑

비슷한 한자
百 일백 백

총 5획 부 白   ʹ ʹ 白 白 白

출제단어
白雪(백설) : 흰 눈.
明白(명백) : 의심할 것 없이 아주 뚜렷하고 환함.

빈칸 채우기
이건 明＿＿＿(명백)한 네 잘못이다.
이번 연주회의 ＿＿＿眉(백미)는 단연 피아노 독주였다.

6급

清
맑을 청

푸르게(青) 보이는 물(氵)은 맑은 물이다.

비슷한 한자
青 푸를 청

총 11획 부 氵   清 清 清 清 清 清 清 清 清 清 清

출제단어
清明(청명) : 날씨가 맑고 밝음.
清風(청풍) : 부드럽고 맑게 부는 바람.

빈칸 채우기
주변을 ＿＿＿潔(청결)하게 유지해라.
＿＿＿明(청명)한 가을 하늘이다.

> 상태

6급

綠
푸를 록

나무껍질을 깎을(彔)내 나오는 섬유질
(糸)은 푸른색이다.

동의자: 靑푸를 청
비슷한 한자: 錄기록할 록

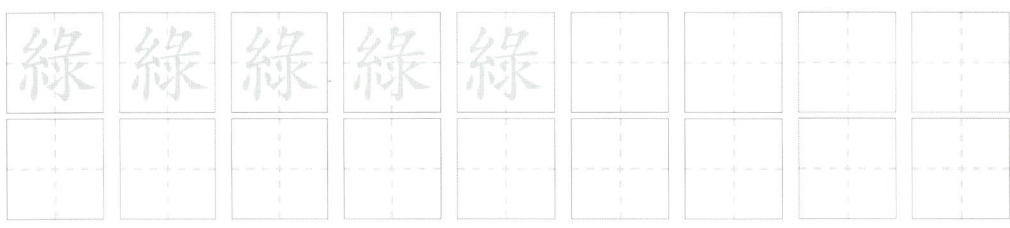

총 14획 부 糸

출제 단어
綠色(녹색) : 파랑과 노랑의 중간색, 곧 풀빛.
綠化(녹화) : 거리나 공원 등에 나무를 심어 푸르게 가꿈.

빈칸 채우기
봄은 新____(신록)의 계절이다.
소나무는 常____樹(상록수)다.

8급

靑
푸를 청

초목이 처음에는 붉은(丹)색이지만 자라면서(主) 푸르다.

동의자: 綠푸를 록
비슷한 한자: 淸맑을 청

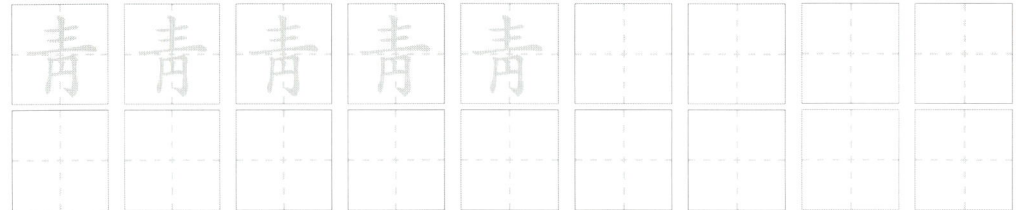

총 8획 부 靑

출제 단어
靑年(청년) : 청춘기에 있는 젊은 사람.
靑山(청산) : 나무가 무성하여 푸른 산.

빈칸 채우기
그는 참 건실한 ____年(청년)이다.
____春(청춘)은 아름답다.

□ 6급

黃
누를 **황**

밭(田)의 곡식이 익어 빛이 변하여 누렇다.

비슷한 한자
寅 범 인

총 12획 부 黃   一 艹 芇 苎 苗 苗 苗 苗 黃 黃 黃 黃

출제 단어
黃色(황색) : 누른 빛.
黃金(황금) : 금이 누른빛을 띤다는 뜻에서 다른 금속과 구별하여 쓰는 말.

빈칸 채우기
아시아에 사는 사람은 대부분 ＿＿＿人種(황인종)이다.
＿＿＿金(황금)상자를 열어라.

□ 6급

빠를 **속**

다발로 묶어서(束) 나르는(辶) 것이 빠르다.

동의자   비슷한 한자
急 급할 급   束 묶을 속

총 11획 부 辶   速 速 速 束 束 束 凍 凍 速 速

출제 단어
速行(속행) : 급히 감.
急速(급속) : 급하고 빠름.

빈칸 채우기
짜장면집의 생명은 迅＿＿＿(신속)배달이다.
운전이 초보라서 ＿＿＿力(속력)을 내는 것이 무섭다.

> 상태

☐ 6급

새 신

서(立)있는 나무(木)를 도끼(斤)로 자르니 새로운 싹이 돋아난다.

반의자
古 예 고

비슷한 한자
親 친할 친

총 13획 부 斤

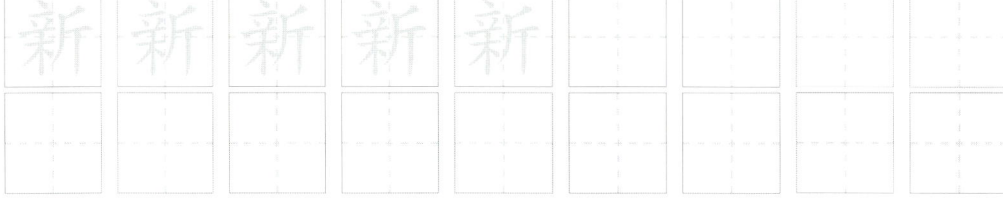

출제 단어
新綠(신록) : 초여름에 새로 나온 잎의 푸른빛.
最新(최신) : 가장 새로움.

빈칸 채우기
아침에는 ____聞(신문)을 보는 습관이 있다.
갓 잡은 광어가 ____鮮(신선)하다.

☐ 6급

이로울 리

벼(禾)를 낫(刂)으로 베니 이로운 이익이 생긴다.

반의자
害 해할 해

총 7획 부 刂

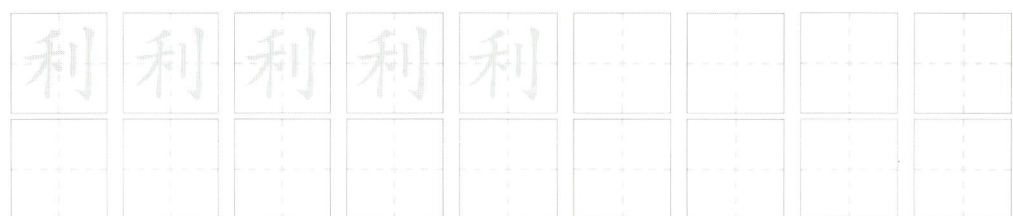

출제 단어
分利(분리) : 이익을 나눔.
金利(금리) : 빌려준 돈의 이자.

빈칸 채우기
너에게는 不____(불리)한 게임이다.
세탁기가 있어 빨래하기 便____(편리)하다.

☐ 6급

잃을 **실**

사람(人)이 커지니(大) 본래의 모습을 잃다.

반의자　　비슷한 한자
得 얻을 득　矢 화살 시

총 5획 부 大 　失 失 失 失 失

출제 단어
失禮(실례) : 말이나 행동이 예의에 벗어남.
失業(실업) : 생업을 잃음.

빈칸 채우기
너무 긴장해서 ＿＿手(실수)를 연발했다.
기록을 깨는데 ＿＿敗(실패)했다.

☐ 6급

밝을 **명**

낮에는 해(日)가 저녁에는 달(月)이 떠서 밝힌다.

반의자
暗 어두울 암

총 8획 부 日　明 明 明 明 明 明 明 明

출제 단어
明白(명백) : 의심할 것 없이 아주 뚜렷하고 환함.
發明(발명) : 아직까지 없던 것을 새로 생각하여 만들어 냄.

빈칸 채우기
수험표에 ＿＿示(명시)되어 있는 시간에 맞춰 입실해야 한다.
이 사진은 ＿＿暗(명암)이 너무 뚜렷하다.

> 상태

6급

아름다울 **미**

크고(大) 살찐 양(羊)이 보기 좋다는 데서 **아름답다**를 뜻하게 되었다.

동의자
佳 아름다울 가

총 9획 부 羊

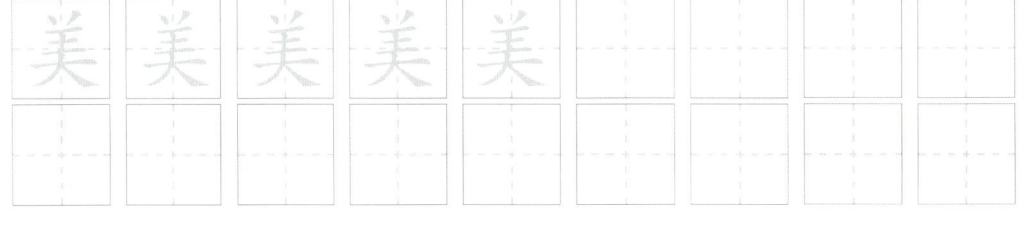

출제단어
美人(미인) : 아름답게 생긴 여자.
美風(미풍) : 아름다운 풍속.

빈칸채우기
우리 이모는 정말 ＿＿＿人(미인)이다.
그에 관한 이야기는 지나치게 ＿＿＿化(미화)되어 있다.

6급

따뜻할 **온**

따뜻한(昷) 물(氵)과 같이 마음을 주고 받으니 그 사이가 **부드럽다**.

동의자
暖 따뜻할 난

반의자
冷 찰 랭 寒 찰 한

총 13획 부 氵

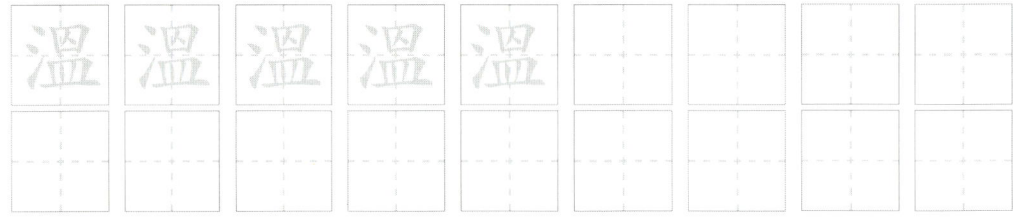

출제단어
溫和(온화) : 날씨가 맑고 따뜻하며 바람이 부드러움.
溫氣(온기) : 따뜻한 기운.

빈칸채우기
실내 ＿＿＿度(온도)가 너무 높아서 온풍기를 꺼두었다.
사진 속 어머니는 ＿＿＿和(온화)한 미소를 짓고 계셨다.

6급

공평할 **공**

크고(ㅅ) 많은 것을 나누어(八) 가지니 **공평하고** 공정하다.

반의자
私 사사 사

총 4획 부 八

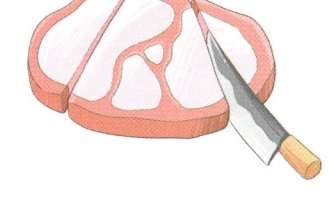

출제 단어
- 公正(공정) : 공평하고 올바름.
- 公然(공연) : 세상에서 다 알도록 뚜렷하고 떳떳함.

빈칸 채우기
- 수학 ____式(공식)을 외우려고만 하니 어렵다.
- 시민단체가 공공기관의 정보 ____開(공개)를 요구했다.

6급

약할 **약**

새의 두 날개가 힘없이 축 늘어진 모양을 본뜬 글자이다.

총 10획 부 弓   弱 弱 弱 弱 弱 弱 弱 弱 弱 弱

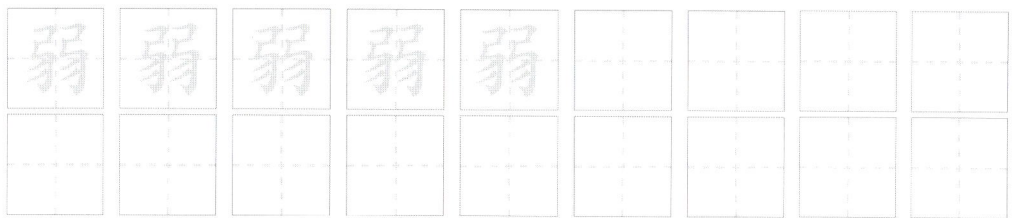

출제 단어
- 弱小(약소) : 약하고 작음.
- 弱者(약자) : 힘이나 기능이 약한 사람이나 생물 또는 집단.

빈칸 채우기
- 그는 항상 ____者(약자)의 편에 서서 일했다.
- 상대방의 ____點(약점)을 알면 이길 수 있다.

> 상태

6급 強
강할 강

큰(弘) 벌레(虫)는 강하고 힘이 세다.

반의자
弱약할 약

총 11획 부弓 強強強強強強強強強強強

출제 단어
強國(강국) : 강한 나라.
強者(강자) : 힘이 세거나 세력이 강한 생물.

빈칸 채우기
해병대 훈련을 통해서 ＿＿忍(강인)한 체력을 길렀다.
너무 더워서 선풍기 바람을 ＿＿風(강풍)으로 해두었다.

6급 勇
날랠 용

힘(力)이 용솟음(甬)쳐서 행동이 날래고 용맹스럽다.

비슷한 한자
男사내 남

총 9획 부力 勇勇勇勇勇勇勇勇勇

출제 단어
勇氣(용기) : 씩씩하고 용감한 기운.
勇士(용사) : 용맹스러운 사람.

빈칸 채우기
그는 ＿＿敢(용감)하고 씩씩하게 나가서 싸웠다.
＿＿氣(용기)를 내서 사랑을 고백했다.

☐ 6급

쓸 **고**

약초(⺿)가 써서 여러(十) 번 마시니 (口) 괴롭다.

반의자 비슷한 한자
甘달 감 若같을 약

총 9획 부⺿ 苦苦苦苦苦苦苦苦苦

출제 단어
苦樂(고락) : 괴로움과 즐거움.
生活苦(생활고) : 생활이 어려워서 겪는 고통.

빈칸 채우기
＿＿心(고심) 끝에 결정을 내렸다.
어머니는 자식을 키우느라 갖은 ＿＿痛(고통)을 감내하셨다.

☐ 6급

병 **병**

방 안(丙)에서 자리에 누우니(疒) 병든 사람이다.

동의자
疾병 질

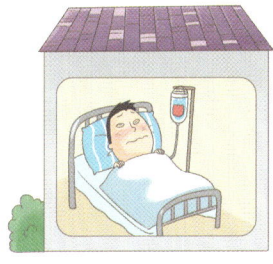

총 10획 부疒 病病病病病病病病病病

출제 단어
病室(병실) : 병의 치료를 위해 환자가 거처하는 방.
問病(문병) : 앓는 사람을 찾아가 위로함.

빈칸 채우기
＿＿院(병원)에 누워있으니 갑갑하다.
그는 ＿＿名(병명)도 알 수 없는 희귀한 병을 앓고 있다.

> 상태

6급

죽을 **사**

사람이 숨어 비수(匕)처럼 가는 뼈(歹)만 남으니 죽었다.

반의자
生살 생　活살 활

총 6획　부 歹　　死 死 死 死 死 死

| 출제 단어 | 生死(생사) : 태어남과 죽음. 삶과 죽음.
死命(사명) : 죽게 된 목숨. 죽을 목숨. |

| 빈칸 채우기 | 교통사고 ＿＿亡者(사망자) 수가 날로 늘고 있다.
이건 회사의 ＿＿活(사활)을 걸고 진행하는 사업이다. |

7급

쉴 **휴**

사람들(亻)이 나무(木) 그늘에 앉아 쉰다.

동의자
息쉴 식

총 6획　부 亻　　休 休 休 休 休 休

| 출제 단어 | 休校(휴교) : 학교가 수업을 한동안 쉼.
休日(휴일) : 일을 쉬고 노는 날. |

| 빈칸 채우기 | 이번 여름 ＿＿暇(휴가)는 할머니 댁에서 보내기로 했다.
유행하는 전염병 때문에 ＿＿校(휴교)를 하게 되었다. |

확인학습 6회

※ 다음 漢字의 訓과 音을 쓰시오. (1~10)

> 보기   字 → 글자 자

(1) 短   (2) 高
(3) 近   (4) 綠
(5) 失   (6) 黃
(7) 新   (8) 明
(9) 強   (10) 勇

※ 다음 漢字語의 讀音을 쓰시오. (11~16)

> 보기   漢字 → 한자

(11) 太陽   (12) 現在
(13) 高級   (14) 公正
(15) 苦生   (16) 死後

※ 다음 漢字의 讀音을 보고 漢字를 쓰시오. (17~26)

> 보기   봄 춘 → 春

(17) 많을 다   (18) 사라질 소
(19) 멀 원   (20) 푸를 청

(21) 빠를 속   (22) 길 영
(23) 아름다울 미   (24) 약할 약
(25) 병 병   (26) 따뜻할 온

※ 다음 漢字와 音이 같은 漢字를 골라 그 번호를 쓰시오.(27~28)

(27) 空 :   ① 高   ② 公   ③ 近   ④ 白
(28) 失 :   ① 少   ② 大   ③ 色   ④ 室

※ 다음 漢字와 뜻이 비슷한 漢字를 골라 그 번호를 쓰시오.(29~31)

(29) 太 :   ① 大   ② 多   ③ 小   ④ 重
(30) 失 :   ① 利   ② 消   ③ 休   ④ 遠
(31) 有 :   ① 空   ② 明   ③ 在   ④ 長

※ ㉠획의 쓰는 순서를 아래에서 골라 그 번호를 쓰시오.(32~33)

(32) 在㉠   ① 첫번째   ② 두번째   ③ 세번째   ④ 네번째

(33) 永㉠   ① 네번째   ② 다섯번째 ③ 여섯번째 ④ 일곱번째

> 동작

8급

가르칠 교

외로운 아이(子)들이 사귀면서(爻) 잘 못하면 때리고(攵) 기르는 것이니 **가르치다**.

동의자 訓가르칠 훈
반의자 學배울 학

총 11획 부 攵

출제 단어
敎室(교실) : 수업에 쓰이는 방.
敎育(교육) : 가르쳐 기름. 가르쳐 지식을 줌.

빈칸 채우기
초등학교 때부터 영어를 ____育(교육)받고 있다.
시간표를 보고 내일 필요한 ____科書(교과서)를 미리 챙겨두었다.

6급

가르칠 훈

냇물(川)이 흐르듯이 순리대로 타이르며(言) **가르친다**.

동의자 敎가르칠 교
반의자 學배울 학

총 10획 부 言

출제 단어
訓長(훈장) : 글방의 스승.
家訓(가훈) : 한 집안의 조상이나 어른이 자손들에게 일러 주는 가르침.

빈칸 채우기
이 책이 주는 敎____(교훈)은 근면함이다.
친구와 바둑을 두는데 지나가던 아저씨께서 ____手(훈수)를 두셨다.

> 동작

8급

배울 학

어린 아이들(子)이 책상(一) 양쪽에 앉아 사귀고(爻) 배우는 곳이 학교다.

반의자
敎 가르칠 교   訓 가르칠 훈

총 16획 부 子

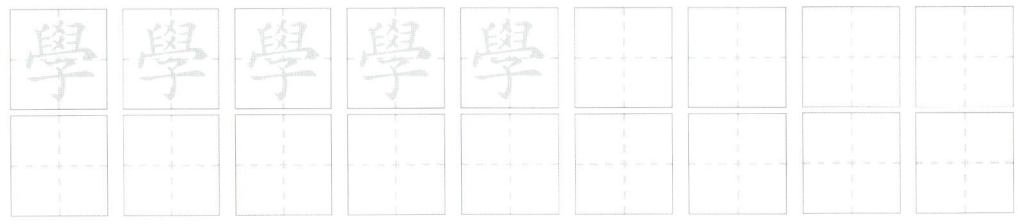

출제 단어
學力(학력) : 학문의 실력.
入學(입학) : 학교에 들어감.

빈칸 채우기
실험실에서 科____(과학)수업을 했다.
____生(학생)을 대상으로 할인 행사를 하고 있다.

6급

익힐 습

흰(白) 솜털난 새끼 새가 날개(羽) 짓을 자주해 익힌다.

동의자
練 익힐 련

총 11획 부 羽

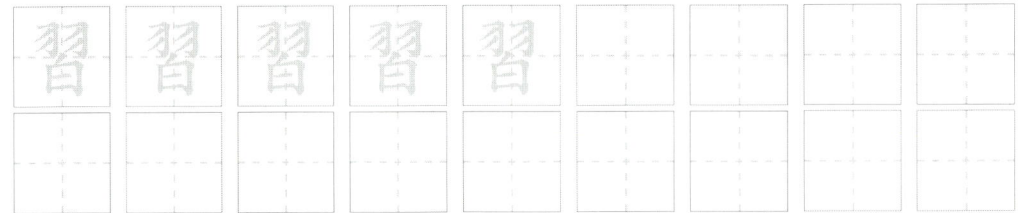

출제 단어
學習(학습) : 배워서 익히는 일.
自習(자습) : 제 스스로 배워서 익힘.

빈칸 채우기
좋은 교재를 선택해야 學____(학습) 효과가 커진다.
꾸준한 演____(연습)으로 실력이 향상되었다.

☐ 6급

讀
읽을 **독**/구절 **두**

물건을 팔(賣)때처럼 소리(言)내 책을 **읽는다**.

비슷한 한자
續 이을 속

총 22획 부 言   讀 讀 讀 讀 讀 讀 讀 讀 讀 讀 讀 讀 讀 讀 讀 讀

| 출제 단어 | 讀本(독본) : 글을 읽어서 그 내용을 익히기 위한 책.
讀者(독자) : 책, 신문, 잡지 따위의 글을 읽는 사람. |

| 빈칸 채우기 | 가을은 ____書(독서)의 계절이다.
한자의 ____音(독음)을 읽을 줄 알면 시험을 보기 쉽다. |

☐ 7급

記
기록할 **기**

말한(言) 내용을 자기(己) 것으로 만들기 위해 **기록**을 한다.

동의자
錄 기록할 록

총 10획 부 言   記 記 記 記 記 記 記 記 記 記

| 출제 단어 | 記名(기명) : 이름을 적음.
記事(기사) : 사실을 그대로 적음. |

| 빈칸 채우기 | 지난 日____帳(일기장)을 읽어보니 참 재미있다.
매일매일 관찰한 내용을 수첩에 ____錄(기록)했다. |

> 동작

6급

聞
들을 **문**

문(門) 사이에 귀(耳)를 내고 **듣는다**.

반의자: 問물을 문
비슷한 한자: 開열 개

총 14획 부耳

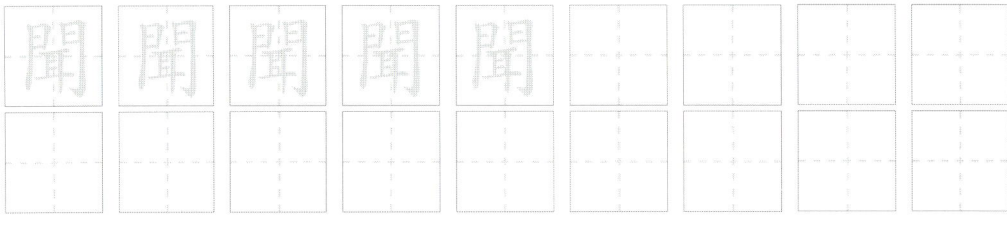

| 출제 단어 | 所聞(소문) : 사람들 입에 오르내려 전하여 들리는 말.
百聞(백문) : 여러 번 들음. |

| 빈칸 채우기 | 所____(소문)난 잔치에 먹을 게 없다.
그가 박사라는 것은 新____(신문)에 난 기사를 보고 알았다. |

7급

問
물을 **문**

문(門) 앞에서 소리(口)내어 주인이 있는지 **묻는다**.

반의자: 聞들을 문 答대답 답

총 11획 부口

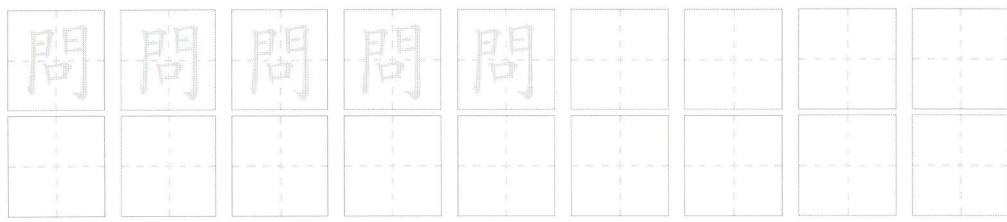

| 출제 단어 | 問答(문답) : 물음과 대답.
問安(문안) : 웃어른께 안부를 여쭘. |

| 빈칸 채우기 | 시험 ____題(문제)가 너무 어려워서 풀 수가 없다.
발표가 끝났으니 質____(질문)해주세요. |

148~149

☐ 6급

대할 **대**

풀(业)밭의 염소(羊)는 주인의 손짓(寸)에 움직임으로 **대답한다**.

총 14획 부寸   對 對 對 對 對 對 對 對 對 對 對 對

출제 단어
反對(반대) : 두 사물이 맞서 있는 상태.
對話(대화) : 마주 대하여 이야기를 주고받음.

빈칸 채우기
옆 학교와 축구시합을 해서 2_____(대)0으로 졌다.
그와 나누는 _____話(대화)는 즐겁다.

☐ 7급

대답 **답**

대(竹)쪽에 합당(合)한 말을 써서 **회답**을 보낸다.

반의자
問 물을 문

총 12획 부竹   答 答 答 答 答 答 答 答 答 答 答 答

출제 단어
對答(대답) : 상대의 물음에 응하여 어떤 말을 하는 것.
答書(답서) : 답장.

빈칸 채우기
문제를 풀기 전에 모범 _____案(답안)을 보지 마라.
아무리 불러도 對_____(대답)이 없다.

> 동작

6급

말씀 **언**

생각한 바를 찌르듯 입(口)을 열어 **말**을 한다.

동의자
語말씀 어 話말씀 화

총 7획 부言   言 言 言 言 言 言 言

출제단어
言語(언어) : 생각이나 느낌을 소리나 글자로 나타내는 수단.
文言(문언) : 편지의 문구.

빈칸 채우기
아이가 처음으로 ＿＿＿語(언어)를 배울 때는 신기하다.
항상 ＿＿＿行(언행)을 조심하도록 해라.

7급

말씀 **어**

자기(吾)의 생각을 말(言)로 표현하는 것이 언어이다.

동의자
言말씀 언 話말씀 화

총 14획 부言   語 語 語 語 語 語 語 語 語 語

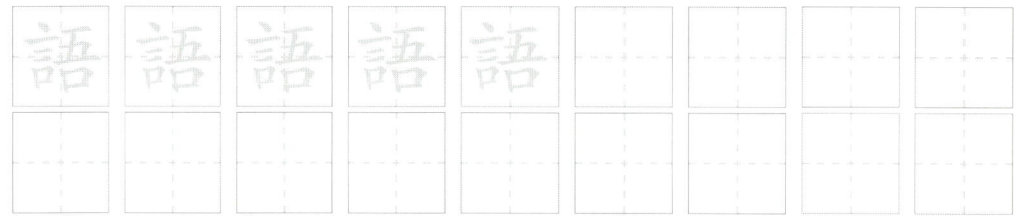

출제단어
古語(고어) : 옛말. 옛글.
語學(어학) : 언어에 대해 연구하는 학문.

빈칸 채우기
＿＿＿學(어학)을 공부하는데 필요한 전자사전을 구입했다.
회화를 하려면 ＿＿＿法(어법)을 알아야 한다.

7급

話
말씀 화

혀(舌)를 사용하여 **말하는**(言) 재주가 있으니 화술이 좋다.

동의자
言 말씀 언   語 말씀 어

총 13획 부 言   ` 二 千 千 千 言 言 訁 訁 訌 話 話 話

출제 단어
話題(화제) : 사람들이 이야기를 나눌 때 대상이 되는 소재.
對話(대화) : 마주 대하여 서로 의견을 주고받으며 이야기하는 것.

빈칸 채우기
그는 ____術(화술)에 능한 사람이다.
우리 생활에 電____(전화)가 없다면 너무 불편할 것이다.

6급

代
대신할 대

주살(弋)로 사람(亻)을 **대신하여** 고기를 잡는다.

비슷한 한자
伐 칠 벌

총 5획 부 亻   代 代 代 代 代

출제 단어
代身(대신) : 남을 대리함.
交代(교대) : 서로 번갈아 드는 사람 또는 그 일.

빈칸 채우기
이 분이 우리 회사 ____表(대표)님이십니다.
몸이 아픈 친구 ____身(대신) 청소를 했다.

> 동작

6급

다스릴 **리**

옥(王)을 닦아낸다는 뜻에서 마을(里)을 **다스린다**는 뜻으로 확장되었다.

동의자: 治 다스릴 치
비슷한 한자: 埋 묻을 매

총 11획 부 王

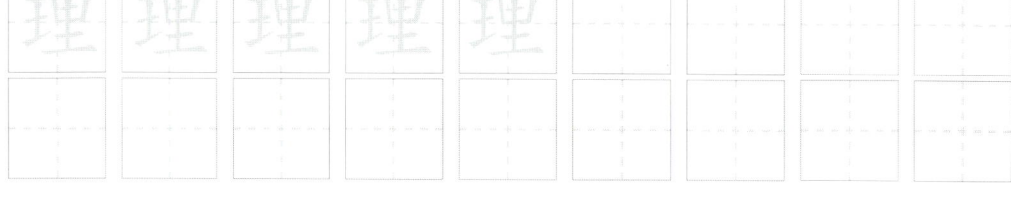

출제단어
地理(지리) : 땅의 생긴 모양이나 형편.
合理(합리) : 이론이나 이치에 맞는 것.

빈칸채우기
어려운 수학 공식도 原_____(원리)를 알면 쉽게 외울 수 있다.
다른 사람의 心_____(심리)가 궁금해서 책을 읽었다.

6급

떼·거느릴 **부**

여러 고을(阝)을 나누어(咅) **다스린다**는 뜻에서 유래했다.

동의자: 隊 무리 대
반의자: 獨 홀로 독

총 11획 부 阝

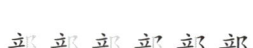

출제단어
部品(부품) : 기계의 어떤 부분에 쓰이는 물품.
本部(본부) : 각종 단체의 중심이 되는 조직.

빈칸채우기
닭요리에서 가장 좋아하는 _____位(부위)는 가슴이다.
이 _____分(부분)만 수정하면 완벽하다.

□ 6급

나눌 **분**

팔(八)은 반으로 나눌 수 있는 수로 칼(刀)을 써서 나눈다.

반의자
合합할 합

동의자
區구분할 구　別나눌·다를 별

총 4획　부 刀　

출제
단어

分明(분명) : 틀림없이 확실하게.
分母(분모) : 분수 또는 분수식에서, 가로줄 아래에 있는 수나 식.

빈칸
채우기

처음 ＿＿＿數(분수)를 배울 때는 잘 이해가 되지 않았다.
그는 사리 ＿＿＿別(분별)을 잘 하는 사람이다.

□ 6급

나눌·다를 **별**

뼈와 살을 칼(刂)로 잘라서(另) 나눈다.

반의자
同한가지 동

동의자
分나눌 분　區구분할 구

총 7획　부 刂　

출제
단어

別居(별거) : 부부나 한집안 식구가 따로 떨어져 삶.
作別(작별) : 인사를 나누고 헤어짐.

빈칸
채우기

그 집 순두부찌개 맛은 ＿＿＿味(별미)이다.
학생들은 어떠한 이유에서든 差＿＿＿(차별)되어서는 안 된다.

> 동작

6급

班
나눌 반

구슬(王)을 칼(刀)로 쪼개니 눌로 나누어 징표로 삼았다.

동의자
分나눌 분

총 10획 부 王   班 班 班 班 班 班 班 班 班 班

출제 단어
班白(반백) : 흑백이 반씩 섞인 머리털.
兩班(양반) : 지체나 신분이 높은 상류 계급 사람.

빈칸 채우기
우리나라는 대통령을 정부의 首____(수반)으로 한다.
매 학기 초마다 ____長(반장) 선거를 한다.

6급

現
나타날 현

옥돌(王)을 갈고 닦으면 얼굴이 보여(見) 나타난다.

반의자 **비슷한 한자**
消사라질 소 規법 규

총 11획 부 王   現 現 現 現 現 現 現 現 現 現 現

출제 단어
現在(현재) : 지금 이때.
表現(표현) : 나타냄.

빈칸 채우기
____在(현재) 시간은 오후 두시입니다.
나이가 들면 피부노화 ____象(현상)이 일어난다.

7급

入

들 입

몸을 굽혀 안으로 **들어가는** 것을 본뜬 글자이다.

반의자
出 날 출

총 2획 부 入   ノ 入

출제단어
- 入城(입성) : 성안으로 들어감.
- 入口(입구) : 들어가는 어귀.

빈칸채우기
- 방송국에는 出____(출입)증이 있어야 들어갈 수 있다.
- 동호회에 加____(가입)하려면 실명을 기재해야 한다.

7급

出

날 출

식물의 싹이 땅 위로 **내민** 모양을 본뜬 글자이다.

반의자
入 들 입

총 5획 부 凵   ㄴ 屮 屮 出 出

출제단어
- 出動(출동) : 나가서 행동함.
- 出世(출세) : 숨어 살던 사람이 세상에 나옴.

빈칸채우기
- 새해를 맞이해서 日____(일출)을 보러 동해바다에 갔다.
- 선생님께서 ____席(출석)부를 보고 내 이름을 부르셨다.

> 동작

8급  땅(土)을 뚫고 싹(屮)이 나오니 생명이다.

날 생

반의자
死죽을 사

총 5획 부生   生 亠 亠 生 生

| 출제 단어 | 生計(생계) : 살아갈 방도나 형편.
生物(생물) : 동물, 식물의 총칭. |

| 빈칸 채우기 | 드디어 出＿＿＿(출생)의 비밀이 밝혀지는 순간이다.
친구들이 내 ＿＿＿日(생일)을 축하해주러 집에 찾아왔다. |

7급  갓난아이가 살(月)이 오르니 잘 기른 것이다.

기를 육

동의자
養기를 양

총 8획 부月   育 育 育 育 育 育 育 育

| 출제 단어 | 育成(육성) : 길러냄. 길러 발육시킴.
育英(육영) : 인재를 기름. 학교를 달리 이르는 말. |

| 빈칸 채우기 | 어머니는 나를 키우시면서 ＿＿＿兒(육아)일기를 쓰셨다.
국가에서 인재를 ＿＿＿成(육성)하기 위해서 교육에 투자한다. |

☐ 7급

住

살 **주**

등불(主)이 켜 있는 곳은 사람(亻)이 머물러 사는 곳이다.

동의자	비슷한 한자
居 살 거	往 갈 왕

총 7획 부亻 丿 亻 亻 亻 仁 住 住

출제단어
住民(주민) : 그 땅에 사는 백성.
住居(주거) : 머물러 삶.

빈칸채우기
_____居(주거)환경이 좋은 곳으로 이사를 왔다.
이 동네에는 연립 _____宅(주택)이 많다.

☐ 7급

活

살 **활**

혀(舌)로 맛보며 먹고, 물(氵)을 마셔야 살 수 있다.

총 9획 부氵

출제단어
活動(활동) : 기운차게 움직임.
活力(활력) : 살아 움직이는 힘.

빈칸채우기
어머니는 집안일을 하시면서 生_____(생활)의 지혜를 많이 터득하셨다.
나는 매우 _____動(활동)적인 성격이다.

> 동작

7급

歌
노래 가

입(欠)을 벌려 읊소리는 것이 노래(哥)하는 것이다.

동의자
謠 노래 요

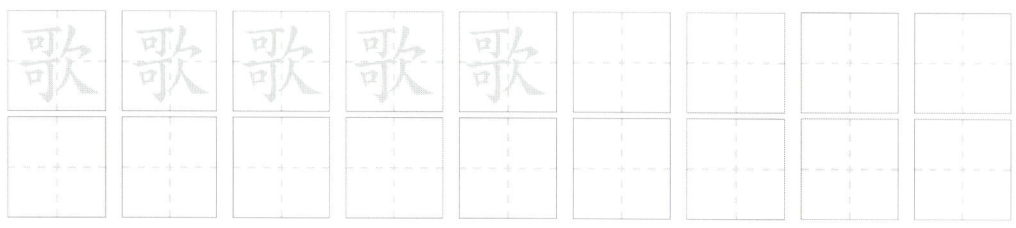

총 14획 부欠

출제 단어
校歌(교가) : 학교를 상징하는 노래.
歌手(가수) : 노래 부르는 것을 업으로 삼는 사람.

빈칸 채우기
동네잔치에서 어르신들의 흥겨운 ___舞(가무)를 봤다.
그녀는 ___唱(가창)력이 좋은 가수다.

7급

농사 농

새벽(辰)부터 허리가 굽도록 밭(田)에서 일하는 것이 농사다.

비슷한 한자
晨 새벽 신

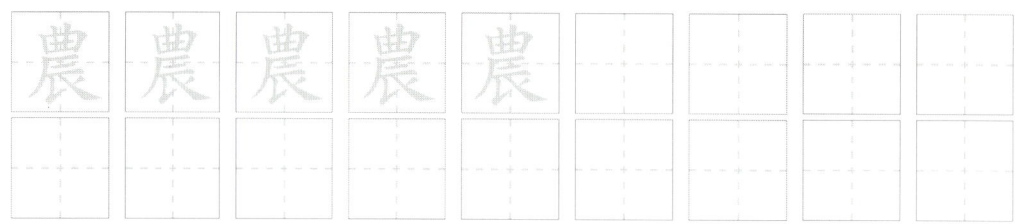

총 13획 부辰

출제 단어
農民(농민) : 농사짓는 사람.
農事(농사) : 씨를 뿌려 수확하는 일.

빈칸 채우기
1년 ___事(농사)를 잘 지어 따뜻한 겨울을 맞았다.
밥을 먹을 때는 ___夫(농부)들의 정성을 생각해본다.

6급

待 기다릴 대

관청(寺)에 가서(亻) 일을 보려면 **기다린다**.

비슷한 한자
侍 모실 시

총 9획 부 亻

待 待 待 行 行 待 待 待 待

출제 단어
待人(대인) : 사람을 기다림.
苦待(고대) : 매우 기다림.

빈칸 채우기
크리스마스에 눈이 내리길 期____(기대)한다.
이 회사의 ____遇(대우)가 좋은 편이어서 경쟁률이 높다.

6급

放 놓을 방

매를 쳐서(攵) 다른 곳(方)으로 **내쫓는다**.

반의자
防 막을 방

총 8획 부 攵

放 放 放 放 放 放 放 放

출제 단어
放心(방심) : 안심하여 주의를 하지 않음.
訓放(훈방) : 가벼운 죄를 범한 사람을 훈계하여 놓아줌.

빈칸 채우기
____送(방송)에 한번 나오면 유명세를 탄다.
우리민족은 8월 15일에 解____(해방)의 기쁨을 나누었다.

> 동작

7급

올 래

보리 이삭의 모양을 본뜬 글자이나.

반의자
往갈 왕 去갈 거

총 8획 부人   來來來來來來來來

출제 단어
近來(근래) : 가까운 요즘.
來年(내년) : 올해의 다음 해.

빈칸 채우기
____日(내일)은 비가 내린다고 했다.
수업시간에 未____(미래)의 꿈에 대해서 이야기했다.

6급

다닐 행/항렬 항

왼발(彳)을 옮기고 오른발(丁)을 옮겨서 **걸어다닌다**.

비슷한 한자
往갈 왕

총 6획 부行   行行行行行行

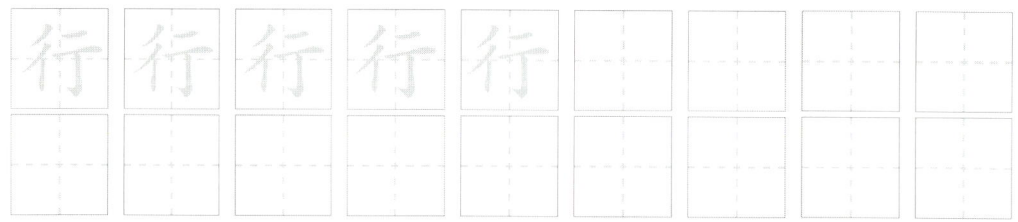

출제 단어
行動(행동) : 몸을 움직여 동작을 하거나 어떤 일을 함.
行軍(행군) : 여러 사람이 군대식으로 열지어 먼길을 걸어감.

빈칸 채우기
말과 ____動(행동)이 다른 사람은 믿음이 안 간다.
12월은 ____事(행사)가 유독 많은 달이다.

7급

食
밥·먹을 식

사람(人)에게 가장 좋은(良) 음식은 **밥** 이다.

동의자
飯밥 반

총 9획 부食

丿 亽 亼 今 今 今 會 食 食

출제 단어
食事(식사) : 밥과 음식을 먹는 것.
食前(식전) : 밥 먹기 전.

빈칸 채우기
감기약은 ___事(식사)후에 먹는 것이 좋다.
여름철에는 ___品(식품) 위생에 각별히 신경을 써야한다.

6급

飮
마실 음

밥(食)을 먹고 크게 입 벌리고(欠) **마시는** 것은 물이다.

비슷한 한자
飯밥 반

총 13획 부食

飮 飮 飮 飮 飮 飮 飮 飮 飮 飮

출제 단어
飮用(음용) : 마심. 먹음. 마시는데 쓰임.
飮食(음식) : 먹는 것과 마시는 것.

빈칸 채우기
할머니께서는 명절 때마다 가족이 함께 먹을 ___食(음식)을 장만하신다.
___酒(음주)운전은 절대로 하면 안 된다.

> 동작

6급

모일 사

도지(土)의 신(示)에게 제사를 지낼 때 많은 사람이 **모인다**.

동의자 會모일 회
비슷한 한자 祈빌 기

총 8획 부示

출제 단어
社交(사교) : 여러 사람이 모여 서로 교제함.
社屋(사옥) : 신문사, 출판사 또는 회사가 있는 건물.

빈칸 채우기
인간은 ＿＿＿會(사회)적 동물이다.
아버지는 매일 會＿＿＿(회사)에 가신다.

6급

모일 회

사람(人)이 하나(一)의 창(囧)의으로 말하면(日) **모이다**.

동의자 集모을 집 社모을 사
반의자 散흩을 산

총 13획 부日

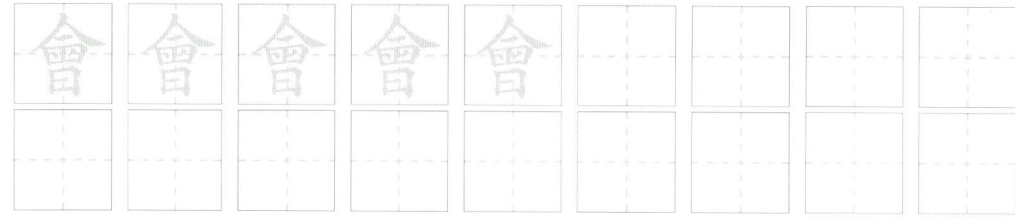

출제 단어
會長(회장) : 모임을 대표하는 사람.
會話(회화) : 서로 만나서 이야기를 나눔.

빈칸 채우기
모임에 참석한 사람들은 모두 ＿＿＿費(회비)를 냈다.
학급 ＿＿＿議(회의) 시간에 짝꿍을 정했다.

6급

集 모을 집

나무(木) 위에 새(隹)들이 **모여** 앉아 있다.

동의자: 會모일 회 社모일 사
반의자: 散흩을 산

총 12획 부隹 　ノ　イ　亻　个　乍　乍　乍　隹　隼　隹　集　集

출제단어
- 集計(집계) : 이미 된 계산들을 한데 모아서 계산함.
- 集會(집회) : 특정한 공동 목적을 위해 여러 사람이 모이는 것.

빈칸 채우기
- 모두 수업에 ＿＿中(집중)해주길 바란다.
- 운동장에 ＿＿合(집합)해서 체조를 했다.

6급

號 이름 호

범(虎)이 으르렁거리니(号) 동료를 **부른다**.

동의자: 名이름 명

총 13획 부虍　號　號　號　號　號　號　號　號　號　號　號　號　號

출제단어
- 號外(호외) : 일정하게 발간하는 호수 밖에 임시로 발간하는 신문이나 잡지.
- 番號(번호) : 차례를 나타내기 위해 붙이는 숫자.

빈칸 채우기
- 먼저 口＿＿(구호)를 외친 사람에게 기회를 준다.
- 현관 비밀 番＿＿(번호)는 우리 가족만 알고 있는 것이다.

> 동작

6급

하여금·부릴 **사**

관리(吏)는 사람(亻)을 **부린다**.

동의자
令 하여금 령

총 8획 부 亻   使 使 使 使 使 使

출제 단어
使者(사자) : 어떤 사명을 맡아서 심부름을 하는 사람.
使事(사사) : 시키는 일.

빈칸 채우기
제품 ____用(사용)법은 설명서에 잘 나와 있다.
그는 맡은 바 ____命(사명)을 다했다.

6급

사귈 **교**

크게(大) 엇갈리니(乂) **사귀다**.

비슷한 한자
校 학교 교

총 6획 부 亠   交 交 交 交 交 交

출제 단어
交友(교우) : 벗을 사귐. 또는 그 벗.
交通(교통) : 탈것을 이용하여 사람이나 짐이 오가는 일.

빈칸 채우기
윤정이는 ____友(교우)관계가 참 좋은 학생이다.
눈이 많이 내려서 ____通(교통)이 혼잡하다.

6급

필요없는 바위(厂)를 손(又)으로 엎어 치우다.

돌이킬·돌아올 반

총 4획 부 又   反 反 反 反

출제 단어
反共(반공) : 공산주의를 반대함.
反省(반성) : 자신의 잘못이나 허물을 돌이켜 생각하여 깨닫는 것.

빈칸 채우기
그는 나와 ____ 對(반대)입장이다.
서울은 매우 흐린 ____ 面(반면) 대전은 화창하다.

6급

눈(目)으로 작은(少) 것까지 자세히 보며 살피다.

동의자
察 살필 찰

살필 성/덜 생

총 9획 부 目   省 省 省 省 省 省 省 省 省

출제 단어
自省(자성) : 스스로 반성함.
內省(내성) : 자기의 사상이나 언동 따위를 돌이켜 봄.

빈칸 채우기
그 일에 대해서 깊이 反____(반성)하고 있다.
좋은 책을 읽으면 자기 자신을 ____察(성찰)할 수 있다.

> 동작

6급

쓸 **용**

목상을 둘러 싼 나무 울타리의 모양을 본뜬 글자이다.

동의자 비슷한 한자
費쓸 비 丹붉을 단

총 5획 부 用   用 用 用 用 用

出題단어
信用(신용) : 믿어 의심하지 않음.
所用(소용) : 어떤 일에 있어서 의미를 가지거나 쓸모가 되는 바.

빈칸 채우기
준비물을 사는데 필요한 費＿＿＿(비용)을 미리 받았다.
같은 값이니 ＿＿＿量(용량)이 제일 큰 걸로 고르는 게 이익이다.

7급

설 **립**

두 발을 땅에 대고 사람이 서 있는 모양을 본뜬 글자이다.

동의자
起일어날 기

총 5획 부 立   立 立 立 立 立

出題단어
立場(입장) : 처지.
中立(중립) : 어느 한쪽에도 치우치지 않고 공정함.

빈칸 채우기
우리 학교는 公＿＿＿(공립) 학교다.
상대편과 팽팽하게 代＿＿＿(대립)하고 있다.

6급

戰 싸움 전

혼자(單)라도 창(戈)을 들고 있으니 **싸우다**.

동의자 爭 다툴 쟁
반의자 和 화할 화

총 16획 부 戈 戰 戰 戰 戰 戰 戰 戰 戰 單 單 戰 戰 戰

출제 단어
- 戰時(전시) : 전쟁이 벌어진 때.
- 作戰(작전) : 싸움을 진행하는 방법을 세움.

빈칸 채우기
- 1950년에 6.25 ____爭(전쟁)이 발발했다.
- 경기에 임하기 전에 상대의 ____力(전력)을 분석해보았다.

6급

勝 이길 승

힘(力)이 센 사람은 으뜸(朕)이 되므로 **이긴다**.

반의자 敗 질 패

총 12획 부 力 勝 勝 勝 勝 勝 勝 勝 勝 勝 勝 勝 勝

출제 단어
- 勝利(승리) : 겨루어 이김.
- 勝戰(승전) : 싸움에서 이김.

빈칸 채우기
- 많은 악조건에도 불구하고 우리는 ____利(승리)를 거뒀다.
- ____敗(승패)에 상관없이 게임을 즐겼으면 좋겠다.

> 동작

6급

開
열 개

두 손으로 빗장을 들어 올려 양쪽 문짝(門)을 **여는** 것을 뜻한다.

비슷한 한자 聞들을 문
반의자 閉닫을 폐

총 12획 부門 開 開 開 開 門 門 門 門 門 開 開

| 출제 단어 | 開始(개시) : 처음으로 시작함.
開花(개화) : 꽃이 핌. |

| 빈칸 채우기 | 오늘 시험 점수를 公___(공개)한다고 해서 몹시 떨린다.
박물관은 평일에만 ___放(개방)되어 있다. |

6급

쏠·필 **발**

활(弓)과 몽둥이(殳)를 들고 걸어가 (癶) **쏘다**.

총 12획 부癶 發 發 發 發 發 發 發 發 發 發 發

| 출제 단어 | 發明(발명) : 전까지 없던 것을 새로 생각하여 만들어 냄.
開發(개발) : 개척하여 유용하게 만듦. |

| 빈칸 채우기 | 지우는 매우 수줍어서 ___表(발표)하기를 꺼려한다.
아메리카 대륙을 최초로 ___見(발견)한 사람이 콜럼버스라고 알려져 있다. |

☐ 6급

이룰 **성**

무성한(戊) 장정(丁)이 되니 모든 일을 **이룰** 수 있다.

비슷한 한자
城성성

총 7획 부 戈　成 成 厂 厂 成 成 成

출제단어
成果(성과) : 이루어 낸 결실.
成立(성립) : 일이나 관계 따위가 제대로 이루어짐.

빈칸채우기
수술은 ＿＿功(성공)적이었다.
이제 ＿＿人(성인)이 되었으니 책임감을 가져야 한다.

☐ 7급

오를 **등**

발판(豆)을 밟고 걸어야(癶) 높은 데를 **오른다**.

동의자　　반의자
昇오를 승　降내릴 강

총 12획 부 癶　丿 ⺈ ⺈ 癶 癶 癶 癶 登 登 登 登

출제단어
登用(등용) : 인재를 뽑아 씀.
登場(등장) : 무대 따위에 나옴.

빈칸채우기
친구와 함께 ＿＿校(등교)하는 것이 더 즐겁다.
주인공이 ＿＿場(등장)할 때는 음악이 나온다.

> 동작

6급 運 옮길 운

군사(軍)들이 무기나 식량을 싣고 걸어(辶) 간다.

동의자
移옮길 이

비슷한 한자
連이을 련

총 13획 부辶 運運運運運運運軍軍運運運

출제단어
幸運(행운) : 좋은 운수.
空運(공운) : 항공기로 사람이나 물건을 실어 나르는 일.

빈칸 채우기
아침마다 ____動(운동)을 하니 개운하다.
____轉(운전) 중에는 핸드폰을 사용하지 마세요.

7급 動 움직일 동

무거운(重) 것도 힘(力)을 들이면 **움직여**진다.

반의자
靜고요할 정

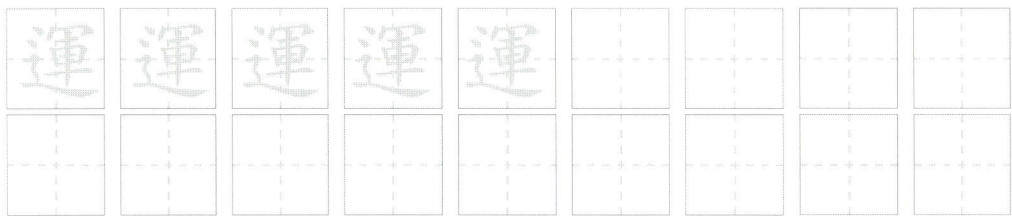

총 11획 부力 動動動動動重重動動

출제단어
動力(동력) : 기계를 움직이는 힘.
動作(동작) : 몸의 움직임.

빈칸 채우기
간단한 춤 ____作(동작)을 따라해 봤다.
국민의 성실과 근면은 경제 발전의 ____力(동력)이다.

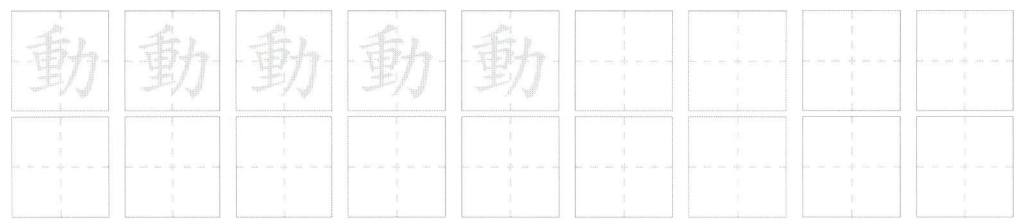

☐ 7급

일 **사**

깃발을 손에 들고 일터로 나가는 모양을 본뜬 글자이다.

동의자
業업 업

총 8획 부 亅   一 ㄇ ㄇ ㅋ 写 写 写 事

출제단어
事件(사건) : 뜻밖에 일어난 변고.
事後(사후) : 일이 지난 뒤.

빈칸채우기
____業(사업)이 번창하시길 바랍니다.
각자 개인 ____物(사물)이 분실되지 않도록 잘 간수해야한다.

☐ 6급

업 **업**

북을 올려놓은 받침대를 본뜬 글자이다.

동의자
事일 사

총 13획 부 木   業 業 業 業 業 業 業 業 業 業 業 業 業

출제단어
業者(업자) : 사업을 직접 경영하는 사람.
業主(업주) : 영업에서 생기는 모든 책임을 가진 주인.

빈칸채우기
같은 ____界(업계)에서 일을 하다 보니 경쟁이 잦다.
職____(직업)에는 귀천이 없다.

> 동작

6급

줄 **선**

샘물(泉)이 가늘게 실(糸)처럼 흐르니 **줄** 같아 보인다.

비슷한 한자
綿솜 면

총 15획 부首 糸

출제 단어
直線(직선) : 꺾이거나 굽은 데가 없는 곧은 선.
車線(차선) : 도로에 주행 방향을 따라 일정하게 그어 놓은 선.

빈칸 채우기
버스 路____(노선)을 잘 몰라서 헤맸다.
지영이의 화려한 옷에 視____(시선)이 집중되었다.

6급

부을 **주**

주인(主)이 물(氵)을 주니 **물대다**.

비슷한 한자
住살 주

총 8획 부首 氵

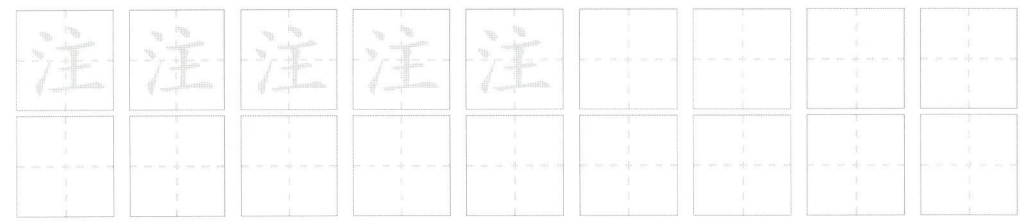

출제 단어
注文(주문) : 제작 또는 송부를 의뢰하는 일.
注入(주입) : 흘러 들어가도록 부어 넣음.

빈칸 채우기
예전에는 주로 ____入(주입)식 교육을 했다.
그의 소설은 문학계의 ____目(주목)을 받았다.

☐ 6급

합할 **합**

많은 사람들(口)이 모여(亼) 힘을 **합친다**.

반의자　　비슷한 한자
分 나눌 분　今 이제 금

총 6획 부口　合 合 合 合 合 合

출제 단어
合同(합동) : 여럿이 어울려서 하나를 이룸.
合格(합격) : 시험이나 조건에 맞아서 뽑힘.

빈칸 채우기
모두 ＿＿算(합산)해보니 2만원이 넘는다.
이번에 한일 ＿＿作(합작)으로 드라마를 만들었다.

☐ 6급

지을 **작**

사람(亻)은 잠시(乍)도 쉬지 않고 열심히 글을 **짓는다**.

동의자
著 지을 저

총 7획 부亻　作 作 作 作 作 作 作

출제 단어
作家(작가) : 예술품을 창작하는 사람.
名作(명작) : 이름난 훌륭한 작품.

빈칸 채우기
미술관에서는 정숙하게 ＿＿品(작품)을 감상한다.
국어 시간에 ＿＿文(작문)숙제를 내주셨다.

확인학습 7회

※ 다음 漢字의 訓과 音을 쓰시오.(1~10)

> 보기   字 → 글자 자

(1) 讀   (2) 對
(3) 理   (4) 班
(5) 待   (6) 飮
(7) 使   (8) 戰
(9) 發   (10) 線

※ 다음 漢字語의 讀音을 쓰시오.(11~16)

> 보기   漢字 → 한자

(11) 自習   (12) 區別
(13) 放學   (14) 交通
(15) 勝利   (16) 注油

※ 다음 漢字의 讀音을 보고 漢字를 쓰시오.(17~26)

> 보기   봄 춘 → 春

(17) 들을 문   (18) 나타날 현
(19) 다닐 행 / 항렬 항   (20) 모일 회

(21) 이름 호   (22) 살필 성 / 덜 생
(23) 열 개   (24) 이룰 성
(25) 일 업   (26) 합할 합

※ 다음 漢字와 음이 같은 漢字를 골라 그 번호를 쓰시오.(27~28)

(27) 問 :   ① 反   ② 分   ③ 聞   ④ 育
(28) 使 :   ① 食   ② 社   ③ 成   ④ 勝

※ 다음 漢字와 뜻이 비슷한 漢字를 골라 그 번호를 쓰시오.(29~31)

(29) 訓 :   ① 學   ② 語   ③ 敎   ④ 會
(30) 住 :   ① 出   ② 活   ③ 來   ④ 行
(31) 會 :   ① 放   ② 使   ③ 省   ④ 社

※ ㉠획의 쓰는 순서를 아래에서 골라 그 번호를 쓰시오.(32~33)

(32) 戰㉠   ① 열두번째   ② 열세번째   ③ 열네번째   ④ 열다섯번째

(33) 作㉠   ① 네번째   ② 다섯번째   ③ 세번째   ④ 여섯번째

> 기타

7급

氣
기운 기

쌀(米)로 밥을 지을 때 증기(气)의 **기운**으로 짓는다.

총 10획 부 气   氣氣氣氣氣氣氣氣氣氣

출제단어
氣溫(기온) : 대기의 온도.
氣力(기력) : 일을 감당해 나갈 수 있는 정신과 육체의 힘.

빈칸채우기
어제 비를 흠뻑 맞았더니 感____(감기)에 걸렸다.
景____(경기)가 회복되어 수출이 활기를 띠고 있다.

7급

力
힘 력

근육이 솟도록 팔에 **힘**을 주고 있는 모양을 본뜬 글자이다.

비슷한 한자
刀칼 도

총 2획 부 力   力力

출제단어
力作(역작) : 온 힘을 기울여 만든 작품.
生活力(생활력) : 생활을 꾸려 나가는 능력.

빈칸채우기
많은 과학자들이 첨단 기술 개발에 努____(노력)을 기울이고 있다.
그의 업무 能____(능력)은 뛰어나다.

7급

命
목숨 명

사람(口)은 하늘의 명령(令)에 목숨이 달렸다.

비슷한 한자
令 하여금 령

총 8획 부首 口   ノ 人 人 人 合 合 合 命 命

출제 단어
- 命名(명명) : 사람이나 물건에 이름을 지어 붙임.
- 天命(천명) : 하늘의 뜻.

빈칸 채우기
- 김씨는 이번 화재로 화상을 입었지만 生____(생명)에는 지장이 없다.
- 이건 어길 수 없는 ____令(명령)이다.

7급

名
이름 명

어두운 저녁(夕)에 소리쳐(口) 이름을 부른다.

비슷한 한자
各 각각 각

총 6획 부首 口   ノ ク ク 夕 名 名

출제 단어
- 名家(명가) : 명망이 높은 가문.
- 名作(명작) : 이름난 훌륭한 작품.

빈칸 채우기
- 옛 선비들은 ____分(명분)을 중시하였다.
- 추석은 민족대이동이 일어나는 ____節(명절)이다.

> 기타

6급

音
소리 음

날(日)이 밝으면 만물이 활동하니(立) 소리가 난다.

동의자: 聲 소리 성
비슷한 한자: 意 뜻 의

총 9획 부음   音 音 音 音 音 音 音 音 音

출제단어
音色(음색) : 소리의 감각적 특색.
發音(발음) : 음성을 냄. 또는 그 음성.

빈칸 채우기
나는 _____ 樂(음악)시간이 가장 즐겁다.
한자의 _____ 訓(음훈)을 읽는 연습을 했더니 어휘력이 늘었다.

6급

意
뜻 의

마음(心)속에서 원하는 소리(音)는 뜻이다.

동의자: 志 뜻 지

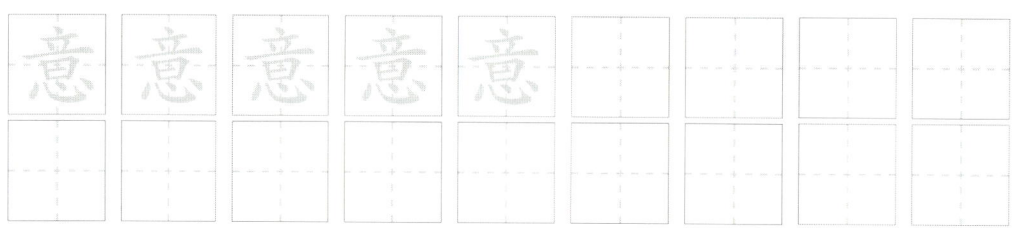

총 13획 부심   意 意 意 意 意 意 意 意 意 意

출제단어
意外(의외) : 뜻밖.
注意(주의) : 마음에 새겨 두고 조심함.

빈칸 채우기
네가 무슨 말을 하는지 그 _____ 味(의미)를 잘 모르겠다.
그는 이번 도전에 강한 _____ 志(의지)를 보였다.

7급

文
글월 문

무늬가 교차한 것을 나타내니 **글자**이다.

동의자: 章글 장

총 4획 부文

文 亠 亣 文

출제단어
- 文學(문학) : 글에 대한 학문.
- 文身(문신) : 살갗을 바늘로 찔러 먹물을 넣음.

빈칸채우기
- 방학 동안 다양한 ＿＿＿學(문학)작품을 읽었다.
- 외국에서 살면서 우리나라의 ＿＿＿化(문화)를 알리는 일을 한다.

6급

章
글 장

글이나 음악(音)의 한 장이 끝(十)난 것이 **문장**이다.

동의자: 文글월 문
비슷한 한자: 意뜻 의

총 11획 부立

辛 章 章 章 章 章 音 音 章 章 章

출제단어
- 文章(문장) : 생각, 느낌, 사상 등을 글로 표현한 것.
- 圖章(도장) : 이름을 나무 따위에 새겨 문서에 찍도록 만든 물건.

빈칸채우기
- 다음 文＿＿＿(문장)을 잘 읽고 물음에 답하시오.
- 계약서에 圖＿＿＿(도장)을 찍으면 계약이 성사된다.

> 기타

6급

書
글 서

진해오는 밀(日)을 붓(聿)으로 옮겨 적은 것이 **책**이다.

동의자: 文글월 문
비슷한 한자: 晝낮 주　畫그림 화

총 10획　부日

書 書 書 書 書 書 書 書 書 書

출제 단어
文書(문서) : 글자나 숫자 따위로 일정한 뜻을 나타낸 것.
書道(서도) : 글씨를 쓰는 방법.

빈칸 채우기
주말에 엄마와 함께 ＿＿＿店(서점)에 가서 책을 고른다.
과거에는 비둘기를 통해서 ＿＿＿信(서신)을 주고받았다.

7급

字
글자 자

집(宀)에 자식(子)이 생기면 먼저 **글자**를 가르쳐야 한다.

총 6획　부子

字 字 字 字 字 字

출제 단어
字音(자음) : 글자의 음.
正字(정자) : 자체가 바르게 또박또박 쓴 글자.

빈칸 채우기
＿＿＿間(자간)을 넓히면 읽기가 더 좋을 것 같다.
모르는 한자가 있으면 ＿＿＿典(자전)을 찾아본다.

☐ 6급

科
과목 과

곡식(禾)을 말(斗)로 헤아린다는 뜻이다.

비슷한 한자
料 헤아릴 료

총 9획 부 禾   ｜ ｜ ｜ 千 禾 禾 禾 科 科

출제 단어
科目(과목) : 공부할 지식 분야를 갈라놓은 것.
敎科書(교과서) : 학교에서 가르치는 데 쓰는 책.

빈칸 채우기
우리 형의 꿈은 ___學者(과학자)입니다.
___目(과목)별로 시험범위가 다르다.

☐ 6급

表
겉 표

옷(衣)의 털가죽(毛)이 돋은 쪽이 겉면이다.

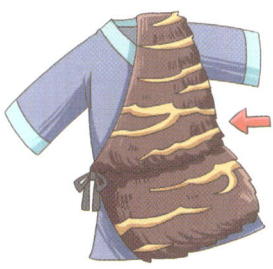

총 8획 부 衣   ー 二 キ 丰 丰 夫 表 表

출제 단어
表面(표면) : 바깥 면.
圖表(도표) : 그림으로 그리어 나타낸 표.

빈칸 채우기
선생님께서 時間___(시간표)를 알려주셨다.
동그라미 ___示(표시)는 찬성의 뜻이다.

> 기타

6급

제목·표할 **제**

총 18획 부頁

노예의 이마(頁)에는 똑똑히(是) 표시를 한다.

출제 단어
題目(제목) : 작품을 대표하기 위하여 붙이는 이름.
問題(문제) : 해답을 요구하는 물음.

빈칸 채우기
책 ____目(제목)이 재미있어서 골랐다.
宿____(숙제)를 미루면 더 하기 싫어진다.

6급

정할 **정**

총 8획 부宀

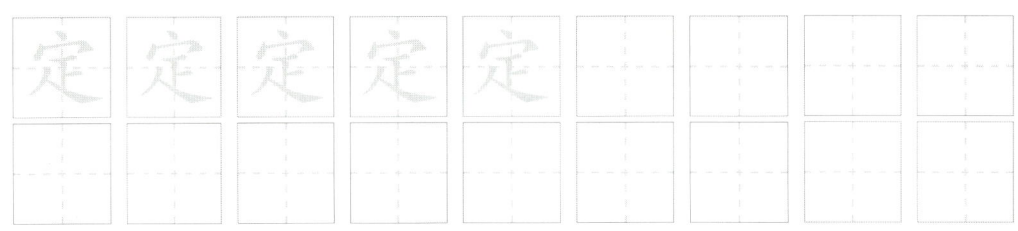

집(宀)에 규칙이 바르게(正) 정해져야 한다.

비슷한 한자
宅집 택

출제 단어
一定(일정) : 하나로 고정되어 움직이지 않음.
定式(정식) : 격식이나 방식을 일정하게 정함.

빈칸 채우기
수업을 마치고 친구네 집에 가기로 決____(결정)했다.
엘리베이터 ____員(정원)은 15명이었다.

6급 式

주살(弋)을 만드는(工) 것도 법이 있다.

법식

동의자
法법법 規법규

총 6획 부 弋   一 二 丁 式 式 式

출제단어
式場(식장) : 식을 거행하는 장소.
書式(서식) : 서류를 꾸미는 일정한 방식.

빈칸채우기
어머니께서 入學____(입학식)때 입을 옷을 사주셨다.
아직 신랑신부가 ____場(식장)에 들어서기 전이다.

6급 例

사람들(亻)이 벌려(列) 서서 견주어 본다.

법식 례

비슷한 한자
列벌릴 렬

동의자
式법식 法법법

총 8획 부 亻   例 例 例 例 例 例 例 例

출제단어
例文(예문) : 설명을 위한 본보기가 되는 문장.
例外(예외) : 일반적 규칙에서 벗어나는 일.

빈칸채우기
줄을 서서 次____(차례)를 기다리고 있다.
학예회는 우리학교의 年____(연례)행사이다.

> 기타

6급 禮 예도 례

신(示)에게 제사를 풍성하게(豊) 올리니 **예도**가 바르다.

비슷한 한자
豊 풍년 풍

총 18획 부 示

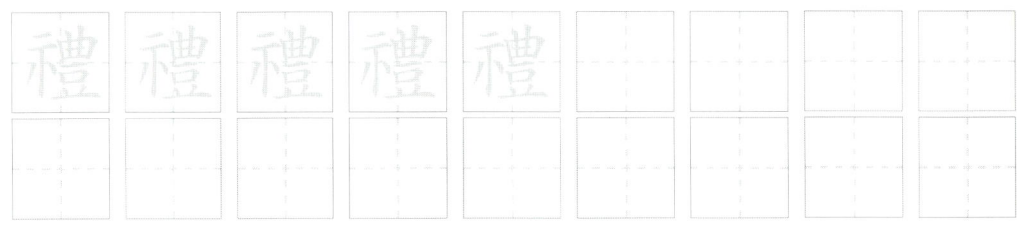

출제 단어
禮法(예법) : 예의로써 지켜야 할 규범.
禮物(예물) : 혼인할 때 신랑과 신부가 기념으로 주고받는 물품.

빈칸 채우기
어른에게 인사를 잘 하는 ____節(예절)바른 어린이다.
지난번 신세 진 答____(답례)로 맛있는 사과를 보냈다.

6급 本 근본 본

나무(木) 밑에 표적(一)을 그어 밑뿌리를 나타낸 것에서 **근본**을 뜻하게 된 글자이다.

비슷한 한자
木 나무 목

총 5획 부 木

출제 단어
本心(본심) : 본디의 마음.
本來(본래) : 변하여 온 사물의 처음 바탕.

빈칸 채우기
할인권을 사용하려니까 신분증으로 ____人(본인)이 맞는지 확인한다.
문제를 해결하기 위한 根____(근본)적인 대책이 필요하다.

☐ 7급

孝
효도 **효**

늘으신(耂) 부모를 자식(子)이 섬기니 **효도**하는 것이다.

총 7획 부 子   孝 孝 孝 孝 孝 孝 孝

| 출제
단어 | 孝道(효도) : 부모를 잘 섬기는 도리.
孝子(효자) : 부모를 잘 섬기는 아들. |

| 빈칸
채우기 | 어른이 되어 ＿＿道(효도) 하고 싶다.
몸이 아픈 것은 부모님께 不＿＿(불효)하는 것이다. |

☐ 6급

功
공 **공**

힘써(力) 훌륭하게(工) **일하다**.

비슷한 한자
攻 칠 공

총 5획 부 力   功 功 功 功 功

| 출제
단어 | 功名(공명) : 공을 세워 이름을 떨침.
成功(성공) : 뜻한 것이 이루어짐. |

| 빈칸
채우기 | 열심히 일한 ＿＿勞(공로)를 인정받아서 휴가를 받았다.
조상 대대로 부귀와 ＿＿名(공명)을 누렸다. |

> 기타

6급

각각 **각**

앞에 오는 사람과 뒤에 오는(夂) 사람의 말(口)이 서로 다르다 하여 각각을 뜻한다.

비슷한 한자: 名 이름 명
반의자: 合 합할 합

총 6획 부口   各 各 各 各 各 各

- 출제단어
  - 各界(각계) : 사회의 각 방면.
  - 各級(각급) : 여러 등급.

- 빈칸 채우기
  - _____ 自(각자) 좋아하는 음식을 주문했다.
  - 오늘 된장국은 _____ 別(각별)히 맛있다.

7급

스스로 **자**

코의 모양을 본뜬 글자로 코를 가리키며 스스로를 나타낸다.

동의자: 己 몸 기

총 6획 부自   自 自 自 自 自 自

- 출제단어
  - 自由(자유) : 남의 구속을 받지 않고, 자기 마음대로 함.
  - 各自(각자) : 제각각. 각각의 자기.

- 빈칸 채우기
  - 성인이 되어 경제적으로 _____ 立(자립)했다.
  - 나에게도 말할 _____ 由(자유)가 있다.

6급

共
한가지 공

이십 여명(卄)쯤이 함께 받드니 더불어, **같이**하다.

동의자: 同 한가지 동
반의자: 異 다를 이

총 6획 부八   一 十 卄 共 共 共

출제 단어
共用(공용) : 공동으로 씀.
共生(공생) : 서로 도우며 함께 삶.

빈칸 채우기
효진이는 친구의 아픔을 누구보다도 ____感(공감)했다.
놀이방은 마을에서 ____同(공동)으로 운영하는 시설이다.

7급

同
한가지 동

성(冂) 안에 하나(一)의 입(口)으로 모여 있으니 **같이, 한가지**이다.

반의자: 異 다를 이
비슷한 한자: 洞 골 동 / 밝을 통

총 6획 부口   丨 冂 冂 冋 同 同

출제 단어
同門(동문) : 같은 학교를 졸업한 사람.
同時(동시) : 같은 시간.

빈칸 채우기
두 사람은 이름이 같아서 부르면 ____時(동시)에 대답한다.
진수와 나는 ____甲(동갑)이다.

> 기타

6급 等 무리 등

대나무(竹)나 흙(土)으로 만든 물건도 **등급**이 있다.

반의자 獨홀로 독
동의자 群무리 군 徒무리 도

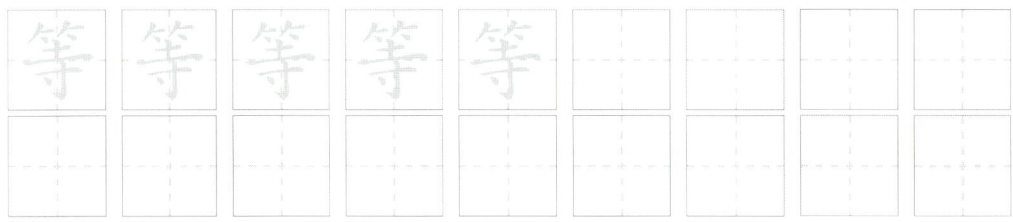

총 12획 부竹   等 等 等 等 等 等 等 等 等 等

출제단어
等級(등급) : 차이를 여러 층으로 구분한 단계.
等數(등수) : 등급에 따라 정한 차례.

빈칸채우기
그는 항상 남녀 平____(평등)을 주장했다.
우리 누나는 高____學校(고등학교)에 다닌다.

6급 席 자리 석

여러(庶) 사람이 앉도록 깔개(巾)를 깔아 **자리**를 만든다.

동의자 座자리 좌
비슷한 한자 度법도 도

총 10획 부巾   席 席 席 席 席 席 席 席 席

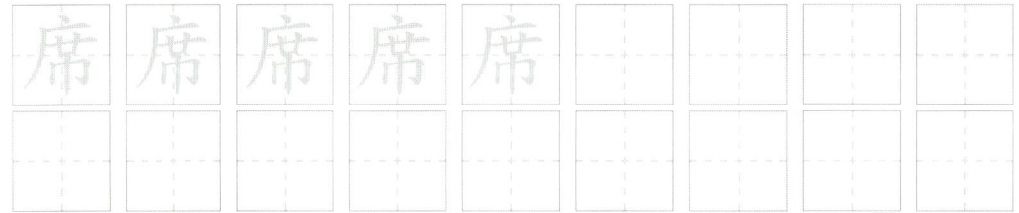

출제단어
方席(방석) : 앉을 때 밑에 까는 작은 깔개.
席次(석차) : 자리의 차례.

빈칸채우기
이번 모임의 參____(참석)여부를 알려주세요.
그는 대학교를 首____(수석)으로 졸업한 인재다.

☐ 6급

비로소 **시**

여자(女) 뱃속에 아이가 생기는(台) 일이 시초라는데서 비로소를 뜻한다.

동의자 반의자
初처음 초 末끝 말

총 8획 부女   ㄥ 纟 女 女 女 始 始 始

출제 단어
始動(시동) : 처음으로 움직이기 시작함.
始初(시초) : 맨 처음.

빈칸 채우기
공연 ___作(시작) 10분전까지 입장해주세요.
지금부터 작전을 開___(개시)한다.

☐ 6급

말미암을 **유**

나뭇가지에 열매가 매달린 모양을 본뜬 글자이다.

비슷한 한자
田밭 전

총 5획 부田   由 由 由 由 由

출제 단어
由來(유래) : 사물이나 일이 생겨남. 생겨난 바.
自由(자유) : 얽매이지 아니하고 자기 마음대로 행동함.

빈칸 채우기
아무 理___(이유)없이 기분이 울적해졌다.
면화는 중국에서 ___來(유래)되었다.

> 기타

7급

아닐 **불·부**

새가 하늘로 향해 날아가 버리는 모양을 본뜬 글자이다.

> 동의자
否아닐 부   非아닐 비

총 4획 부一   不 不 不 不

| 출제 단어 | 不良(불량) : 성정, 행실이 좋지 못함.
不動(부동) : 움직이지 않음. |

| 빈칸 채우기 | 아이를 집에 혼자 두기가 ___安(불안)하다.
키가 작은 것이 ___滿(불만)이다. |

7급

그럴 **연**

개(犬) 고기(肉)를 불(灬)에 그을리니 맛이 그럴싸하다.

> 비슷한 한자
怨원망할 원

총 12획 부灬   然 然 然 然 然 然 然 然 然 然 然 然

| 출제 단어 | 不然(불연) : 그렇지 않음.
然後(연후) : 그런 뒤. |

| 빈칸 채우기 | 이렇게 공부를 안 하고 果___(과연) 시험에 합격할 수 있을지 모르겠다.
집에 늦게 가면 부모님이 걱정하시는 건 當___(당연)하다. |

6급

귀신 신

만물을 펴서(申) 영험함을 보이는(示) 것이 **귀신**이다.

동의자: 鬼 귀신 귀
비슷한 한자: 祖 할아버지 조

총 10획 부 示 神 神 神 神 神 神 神 神 神 神

출제 단어
神童(신동): 재주와 슬기가 남달리 특출한 아이.
神父(신부): 천주교, 성공회의 사목자. 성직자.

빈칸 채우기
일본 교토에는 ___社(신사)가 많이 있다.
고대 그리스 ___話(신화)에는 많은 신들이 등장한다.

7급

성 성

여자(女)가 아이를 낳으면(生) **성**과 이름을 붙여준다.

비슷한 한자: 性 성품 성

총 8획 부 女 ㄑ 女 女 女 女 姓 姓 姓

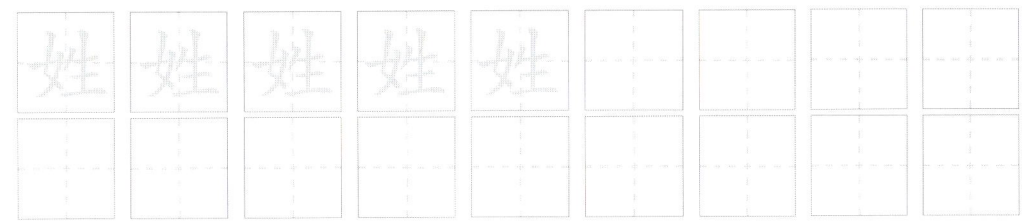

출제 단어
姓名(성명): 성과 이름.
同姓(동성): 같은 성.

빈칸 채우기
편지에 보내는 사람의 ___名(성명)이 적혀 있지 않았다.
___氏(성씨)가 같은 사람들끼리 모였다.

> 기타

6급

재주 **재**

초목(丿)이 땅(一)에 뿌리(丿)를 내리니 싹이 돋는다.

동의자: 技재주 기 術재주 술
비슷한 한자: 寸마디 촌

총 3획 부 才   才 才 才

출제단어
才力(재력): 재주와 능력.
天才(천재): 선천적으로 타고난 뛰어난 재주.

빈칸 채우기
우영이는 춤에 ___ 能(재능)이 있는 아이다.
은미는 하나를 가르치면 열을 아는 秀___(수재)다.

6급

재주 **술**

삽주뿌리(朮)처럼 얽힌 길을 찾아 가니(行) 재주가 좋다.

동의자: 技재주 기 才재주 재

총 11획 부 行   術 術 術 術 術 術 術 術 術 術 術

출제단어
美術(미술): 공간 및 시각의 미를 표현하는 예술.
心術(심술): 온당하지 아니하게 고집을 부리는 마음.

빈칸 채우기
위험한 手___(수술)이었지만 다행히 잘 되었다.
할머니께서는 자신만의 技___(기술)을 배우라고 하신다.

☐ 8급

寸
마디 촌

손목(十)에서 맥박(丶)이 뛰고 있는 곳까지의 길이가 **마디**이다.

총 3획 부 寸   一 十 寸

출제 단어
- 寸數(촌수) : 친족 간의 멀고 가까운 정도를 나타내는 숫자체계.
- 一寸(일촌) : 얼마 안 되는 것. 한 마디.

빈칸 채우기
- _____刻(촌각)을 다투는 급박한 상황이다.
- 현대 사회의 문제점을 풍자한 _____劇(촌극)이 공연되었다.

☐ 6급

度
법도 도 / 헤아릴 탁

집안(广)에서 여러 사람(卄)이 손(又)으로 **헤아리니 법도**이다.

비슷한 한자
席 자리 석

총 9획 부 广   度 度 度 度 度 度 度 度 度

출제 단어
- 強度(강도) : 센 정도.
- 高度(고도) : 평균 해수면을 0으로 하여 측정한 지표면의 높이.

빈칸 채우기
- 추수한 곡식을 _____量(도량)해서 나눠가졌다.
- 해결책을 찾기 위해서 深_____(심도)깊은 논의를 했다.

확인학습 8회

※ 다음 漢字의 訓과 音을 쓰시오.(1~10)

> 보기   字 → 글자 자

(1) 科　　　　　(2) 定
(3) 章　　　　　(4) 禮
(5) 音　　　　　(6) 功
(7) 共　　　　　(8) 始
(9) 神　　　　　(10) 才

※ 다음 漢字語의 讀音을 쓰시오.(11~16)

> 보기   漢字 → 한자

(11) 書堂　　　　(12) 話題
(13) 禮服　　　　(14) 美術
(15) 共用　　　　(16) 出席

※ 다음 漢字의 讀音을 보고 漢字를 쓰시오.(17~26)

> 보기   봄 춘 → 春

(17) 뜻 의　　　　(18) 겉 표
(19) 법식 례　　　(20) 글 서

(21) 각각 각　　　(22) 무리 등
(23) 자리 석　　　(24) 말미암을 유
(25) 재주 술　　　(26) 제목 제

※ 다음 漢字와 음이 같은 漢字를 골라 그 번호를 쓰시오.(27~28)

(27) 命 :　① 名　　② 功　　③ 定　　④ 文
(28) 例 :　① 意　　② 禮　　③ 然　　④ 由

※ 다음 漢字와 뜻이 비슷한 漢字를 골라 그 번호를 쓰시오.(29~30)

(29) 章 :　① 氣　　② 題　　③ 本　　④ 書
(30) 才 :　① 自　　② 術　　③ 同　　④ 孝

※ ㉠획의 쓰는 순서를 아래에서 골라 그 번호를 쓰시오.(31~33)

(31) 書㉠　① 다섯번째　② 일곱번째　③ 여섯번째　④ 네번째

(32) 功㉠　① 두번째　② 다섯번째　③ 세번째　④ 네번째

(33) 各㉠　① 세번째　② 네번째　③ 다섯번째　④ 두번재

확인학습 정답

1회 정답

(1) 쌀 미
(2) 바람 풍
(3) 동산 · 울타리 원
(4) 뿌리 근
(5) 땅 지
(6) 큰바다 양
(7) 볕 양
(8) 들 야
(9) 수풀 림
(10) 오얏 · 성 리
(11) 광선
(12) 식수
(13) 영어
(14) 춘설
(15) 석유
(16) 과실
(17) 天
(18) 江
(19) 草
(20) 花
(21) 植
(22) 海
(23) 地
(24) 電
(25) 樹
(26) 李
(27) ②
(28) ③
(29) ③
(30) ②
(31) ④
(32) ②
(33) ①

2회 정답

(1) 안 내
(2) 향할 향
(3) 집 당
(4) 뜰 정
(5) 마을 촌
(6) 고을 군
(7) 서울 경
(8) 앞 전
(9) 한수 · 한나라 한
(10) 지경 계
(11) 구간
(12) 도로
(13) 세계
(14) 농장
(15) 가정
(16) 군민
(17) 北
(18) 外
(19) 方
(20) 室
(21) 里
(22) 洞
(23) 市
(24) 世
(25) 邑
(26) 韓
(27) ②
(28) ④
(29) ①
(30) ②
(31) ③
(32) ②
(33) ③

3회 정답

(1) 일백 백
(2) 반 반
(3) 셈 수
(4) 등급 급
(5) 차례 제
(6) 사이 간
(7) 아침 조
(8) 이제 금
(9) 여름 하
(10) 매양 매
(11) 합계
(12) 번지
(13) 주야
(14) 작년
(15) 고물
(16) 제일
(17) 算
(18) 計
(19) 番
(20) 時
(21) 晝
(22) 昨
(23) 春
(24) 萬
(25) 午
(26) 夜

(27) ②
(28) ④
(29) ③
(30) ①
(31) ②
(32) ②
(33) ①

4회 정답

(1) 쇠 금/성 김
(2) 기 기
(3) 공 구
(4) 옷 복
(5) 창 창
(6) 그림 화/그을 획
(7) 낯 면
(8) 발 족
(9) 몸 체
(10) 뿔 각
(11) 은색
(12) 내의
(13) 약초
(14) 지도
(15) 신체
(16) 형성
(17) 紙
(18) 藥
(19) 頭
(20) 目
(21) 形
(22) 身
(23) 圖

(24) 物
(25) 銀
(26) 車
(27) ②
(28) ①
(29) ②
(30) ③
(31) ④
(32) ②
(33) ①

5회 정답

(1) 사내 남
(2) 아이 동
(3) 손자 손
(4) 겨레 족
(5) 즐길 락/노래 악/좋아할 요
(6) 믿을 신
(7) 통할 통
(8) 다행 행
(9) 사랑 애
(10) 마음 심
(11) 손자
(12) 남녀
(13) 급행
(14) 화평
(15) 다행
(16) 애교
(17) 祖
(18) 者
(19) 醫

(20) 安
(21) 朴
(22) 急
(23) 親
(24) 感
(25) 特
(26) 便
(27) ③
(28) ④
(29) ②
(30) ③
(31) ②
(32) ①
(33) ③

6회 정답

(1) 짧을 단
(2) 높을 고
(3) 가까울 근
(4) 푸를 록
(5) 잃을 실
(6) 누를 황
(7) 새 신
(8) 밝을 명
(9) 강할 강
(10) 날랠 용
(11) 태양
(12) 현재
(13) 고급
(14) 공정
(15) 고생
(16) 사후

(17) 多
(18) 消
(19) 遠
(20) 淸
(21) 速
(22) 永
(23) 美
(24) 弱
(25) 病
(26) 溫
(27) ②
(28) ④
(29) ①
(30) ②
(31) ③
(32) ①
(33) ①

7회 정답

(1) 읽을 독/구절 두
(2) 대할 대
(3) 다스릴 리
(4) 나눌 반
(5) 기다릴 대
(6) 마실 음
(7) 하여금·부릴 사
(8) 싸움 전
(9) 쏠·필 발
(10) 줄 선
(11) 자습
(12) 구별
(13) 방학

(14) 교통
(15) 승리
(16) 주유
(17) 聞
(18) 現
(19) 行
(20) 會
(21) 號
(22) 省
(23) 開
(24) 成
(25) 業
(26) 合
(27) ③
(28) ②
(29) ③
(30) ②
(31) ④
(32) ②
(33) ①

8회 정답

(1) 과목 과
(2) 정할 정
(3) 글 장
(4) 예도 례
(5) 소리 음
(6) 공 공
(7) 한가지 공
(8) 비로소 시
(9) 귀신 신
(10) 재주 재

(11) 서당
(12) 화제
(13) 예복
(14) 미술
(15) 공용
(16) 출석
(17) 意
(18) 表
(19) 例
(20) 書
(21) 各
(22) 等
(23) 席
(24) 由
(25) 術
(26) 題
(27) ①
(28) ②
(29) ④
(30) ②
(31) ③
(32) ②
(33) ①

유형별 한자학습

유의자 200
반의자 204
동음이의어 208
사자성어 210

유의자

- 家 집 가　—　室 집 실
　　　　　　　　堂 집 당
- 工 장인 공　—　作 지을 작
- 共 한가지 공　—　同 한가지 동
- 敎 가르칠 교　—　訓 가르칠 훈
- 急 급할 급　—　速 빠를 속
- 大 큰 대　—　太 클 태
- 道 길 도　—　路 길 로
- 圖 그림 도　—　畫 그림 화/ 그을 획
- 等 무리 등　—　級 등급 급
- 里 마을 리　—　村 마을 촌
- 文 글월 문　—　字 글자 자
　　　　　　　　章 글 장
　　　　　　　　書 글 서
- 物 물건 물　—　件 물건 건
- 番 차례 번　—　第 차례 제
- 分 나눌 분　—　別 나눌·다를 별
　　　　　　　　班 나눌 반
- 事 일 사　—　業 업 업

- 算 셈 산 　—　 數 셈 수
- 　　　　　　　　 計 셀 계
- 歲 해 세 　—　 年 해 년
- 樹 나무 수 　—　 木 나무 목
- 首 머리 수 　—　 頭 머리 두
- 示 보일 시 　—　 見 볼 견
- 式 법 식 　—　 例 법식 례
- 身 몸 신 　—　 體 몸 체
- 實 열매 실 　—　 果 과실 과
- 兒 아이 아 　—　 童 아이 동
- 陽 볕 양 　—　 景 볕 경
- 養 기를 양 　—　 育 기를 육
- 語 말씀 어 　—　 話 말씀 화
- 　　　　　　　　 言 말씀 언
- 永 길 영 　—　 長 긴 장
- 完 완전할 완 　—　 全 온전 전
- 王 임금 왕 　—　 主 주인·임금 주
- 有 있을 유 　—　 在 있을 재
- 邑 고을 읍 　—　 洞 마을 동

유의자

- 邑 고을 읍 — 郡 고을 군
- 衣 옷 의 — 服 옷 복
- 才 재주 재 — 術 재주 술
- 前 앞 전 — 先 먼저 선
- 晝 낮 주 — 午 낮 오
- 靑 푸를 청 — 綠 푸를 록
- 土 흙 토 — 地 땅 지
- 便 편할 편 — 安 편안 안
- 海 바다 해 — 洋 큰바다 양
- 休 쉴 휴 — 息 쉴 식
- 號 이름 호 — 名 이름 명
- 會 모일 회 — 社 모일 사
- 集 모을 집

유의어

- 계산 計算 (셀 계, 셈 산)
- 공작 工作 (장인 공, 지을 작)
- 공동 共同 (한가지 공, 한가지 동)

- 교훈　教訓 (가르칠 교, 가르칠 훈)
- 급속　急速 (급할 급, 빠를 속)
- 등급　等級 (무리 등, 등급 급)
- 문자　文字 (글월 문, 글자 자)
- 물건　物件 (물건 물, 물건 건)
- 분별　分別 (나눌 분, 나눌·다를 별)
- 사업　事業 (일 사, 업 업)
- 산수　算數 (셈 산, 셈 수)
- 수목　樹木 (나무 수, 나무 목)
- 신체　身體 (몸 신, 몸 체)
- 언어　言語 (말씀 언, 말씀 어)
- 의복　衣服 (옷 의, 옷 복)
- 청록　青綠 (푸를 청, 푸를 록)
- 토지　土地 (흙 토, 땅 지)
- 편안　便安 (편할 편, 편안 안)
- 해양　海洋 (바다 해, 큰바다 양)

반의자

- 各 각각 각 ↔ 合 합할 합
- 江 강 강 ↔ 山 메 산
- 強 강할 강 ↔ 弱 약할 약
- 京 서울 경 ↔ 村 마을 촌
- 古 예 고 ↔ 今 이제 금
-   　　　　　　新 새 신
- 敎 가르칠 교 ↔ 學 배울 학
- 近 가까울 근 ↔ 遠 멀 원
- 南 남녘 남 ↔ 北 북녘 북
- 男 사내 남 ↔ 女 계집 녀
- 內 안 내 ↔ 外 바깥 외
- 多 많을 다 ↔ 少 적을 소
- 答 대답할 답 ↔ 問 물을 문
- 大 큰 대 ↔ 小 작을 소
- 東 동녘 동 ↔ 西 서녘 서
- 聞 들을 문 ↔ 問 물을 문
- 問 물을 문 ↔ 答 대답할 답
- 父 아버지 부 ↔ 母 어머니 모

- 分 나눌 분 ↔ 合 합할 합
- 死 죽을 사 ↔ 生 살 생
- 活 살 활
- 上 위 상 ↔ 下 아래 하
- 生 날 생 ↔ 死 죽을 사
- 善 착할 선 ↔ 惡 악할 악
- 先 먼저 선 ↔ 後 뒤 후
- 手 손 수 ↔ 足 발 족
- 心 마음 심 ↔ 身 몸 신
- 體 몸 체
- 午 낮 오 ↔ 夜 밤 야
- 王 임금 왕 ↔ 民 백성 민
- 日 날 일 ↔ 月 달 월
- 入 들 입 ↔ 出 날 출
- 子 아들 자 ↔ 女 계집 녀
- 昨 어제 작 ↔ 今 이제 금
- 長 긴 장 ↔ 短 짧을 단
- 前 앞 전 ↔ 後 뒤 후

- 戰 싸움 전 ↔ 和 화할 화
- 正 바를 정 ↔ 反 돌이킬·돌아올 반
- 左 왼 좌 ↔ 右 오른 우
- 晝 낮 주 ↔ 夜 밤 야
- 朝 아침 조 ↔ 夕 저녁 석
- 祖 할아버지 조 ↔ 孫 손자 손
- 天 하늘 천 ↔ 地 땅 지
- 春 봄 춘 ↔ 秋 가을 추
- 夏 여름 하 ↔ 冬 겨울 동
- 學 배울 학 ↔ 敎 가르칠 교
- 兄 형 형 ↔ 弟 아우 제

반의어

- 문답 — 問答 (물을 문, 대답 답)
- 물심 — 物心 (물건 물, 마음 심)
- 사활 — 死活 (죽을 사, 살 활)
- 산천 — 山川 (메 산, 내 천)

- 산하 　—　 山河 (메 산, 물 하)
- 산해 　—　 山海 (메 산, 바다 해)
- 상하 　—　 上下 (위 상, 아래 하)
- 생사 　—　 生死 (날 생, 죽을 사)
- 수족 　—　 手足 (손 수, 발 족)
- 심신 　—　 心身 (마음 심, 몸 신)
- 언행 　—　 言行 (말씀 언, 다닐 행)
- 왕래 　—　 往來 (갈 왕, 올 래)
- 일월 　—　 日月 (날 일, 달 월)
- 장단 　—　 長短 (길 장, 짧을 단)
- 전후 　—　 前後 (앞 전, 뒤 후)
- 조석 　—　 朝夕 (아침 조, 저녁 석)
- 좌우 　—　 左右 (왼 좌, 오른 우)
- 주야 　—　 晝夜 (낮 주, 밤 야)

동음이의어

- **가계**　家系　대대로 내려온 한 집안의 계통.
　　　　　家計　한 집안 살림의 수입과 지출의 상태.

- **공동**　共同　두 사람 이상이 일을 같이 함.
　　　　　空洞　아무것도 없이 텅 비어 있는 굴.

- **공해**　公海　하늘처럼 끝이 없는 바다.
　　　　　公害　사람이나 생물이 입게 되는 피해.

- **교정**　校庭　학교의 마당이나 운동장.
　　　　　校正　글자의 잘못된 것을 대조하여 바로잡음.

- **동기**　同期　같은 기간.
　　　　　動機　의사결정이나 어떤 행위의 직접적인 원인.

- **동심**　同心　같은 마음.
　　　　　童心　어린 아이의 마음.

- **동지**　冬至　이십사절기의 하나. 12월 22일경.
　　　　　同志　목적이나 뜻이 서로 같은 것.

- **부자**　父子　아버지와 아들.
　　　　　富者　돈이 많은 사람.

- **사고**　事故　뜻밖에 일어난 불행한 일.
　　　　　思考　생각하고 궁리함.

- **수석**　水石　물과 돌.
　　　　　首席　등급이나 직위에서 맨 윗자리.

- **시장**　市長　시를 대표하는 책임자.
　　　　　市場　물건을 사고파는 일정한 장소.

- **식수**　食水　먹는 물.
　　　　　植樹　나무를 심음.

- **연장**　年長　서로 비교해 보아 나이가 많음.
　　　　　延長　시간이나 거리를 본래보다 늘림.

- **일정**　一定　바뀌는 것이 없이 한결 같은 것.
　　　　　日程　그 날에 해야 할 일.

- **자신**　自身　자기.
　　　　　自信　자신의 능력을 믿는 것.

- **전경**　全景　전체의 경치.
　　　　　前景　눈앞에 펼쳐져 보이는 경치.

- **주간**　晝間　낮 동안.
　　　　　週間　한 주일 동안.

- **호기**　好期　좋은 시기.
　　　　　好機　좋은 기회.

사자성어

- **各自圖生**(각자도생) : 제각기 살길을 도모함.
- **巨家大族**(거가대족) : 대대로 번창하고 문벌이 좋은 집안.
- **居家之樂**(거가지락) : 세속의 영화에 마음을 두지 않고 집에서 시나 서도 따위로 세월을 보내는 즐거움.
- **見聞一致**(견문일치) : 보고 들은 바가 꼭 같음.
- **見物生心**(견물생심) : 물건을 보고 욕심이 생김.
- **古今東西**(고금동서) : 동양과 서양, 그리고 과거와 지금을 통틀어 일컫는 말.
- **高低長短**(고저장단) : 높고 낮음과 길고 짧음.
- **公明正大**(공명정대) : 모든 일에 마음이 공평하고 올바르다는 뜻.
- **公平無私**(공평무사) : 어느 한 쪽에도 치우치지 않고 공평하며 사사로움이 없음.
- **九死一生**(구사일생) : 여러 번의 죽을 고비를 넘기고 겨우 목숨을 건진다는 뜻.
- **九牛一毛**(구우일모) : '아홉 마리 소에 털 한 가닥이 빠진 정도'라는 뜻으로, 아주 큰 물건 속에 있는 아주 작은 부분.
- **君臣有義**(군신유의) : 임금과 신하는 의가 있어야 함.
- **今時初聞**(금시초문) : 바로 지금 처음으로 들음.
- **起死回生**(기사회생) : 중병으로 죽을 뻔 하다가 다시 살아남.
- **男女有別**(남녀유별) : 남자와 여자 사이에는 분별이 있어야 한다는 뜻.
- **多多益善**(다다익선) : 많으면 많을수록 좋음.

- **代代孫孫**(대대손손) : 대대로 이어오는 자손.
- **大明天地**(대명천지) : 매우 밝은 세상.
- **同苦同樂**(동고동락) : 괴로움과 즐거움을 함께 함.
- **東問西答**(동문서답) : 동쪽에서 묻는데 서쪽에서 대답한다는 뜻으로, 묻는 말에 대하여 아주 딴판인 엉뚱한 대답을 함.
- **馬耳東風**(마이동풍) : '말의 귀에 동풍'이라는 뜻으로, 다른 사람의 의견을 조금도 들으려 하지 않는 것.
- **明明白白**(명명백백) : 의심할 여지가 없이 아주 분명하다는 뜻.
- **木人石心**(목인석심) : '나무인형에 돌 같은 마음'이라는 뜻으로, 감정이 없는 사람을 이름.
- **門前成市**(문전성시) : 문 앞에 저자(시장)를 이룬다는 뜻으로, 찾아오는 사람이 많음을 이르는 말.
- **聞一知十**(문일지십) : 한 가지를 듣고 열 가지를 미루어 앎.
- **白面書生**(백면서생) : 글만 읽고 세상일에 경험이 없는 사람. 풋내기.
- **百年大計**(백년대계) : 먼 장래를 내다보고 세우는 계획. =百年之計(백년지계).
- **百戰百勝**(백전백승) : 싸울 때마다 반드시 이김.
- **夫婦有別**(부부유별) : 남편과 아내는 분별이 있어야 함.
- **父子有親**(부자유친) : 오륜의 하나로 아버지와 아들 사이는 친애가 있어야 한다는 뜻.
- **不知不識間**(부지불식간) : 자기가 생각하지도 못하고 알지도 못하는 사이.

- **不問可知**(불문가지) : 묻지 않아도 능히 알 수 있음.
- **不遠千里**(불원천리) : 천리 길도 멀어하지 않고 찾아감.
- **事事件件**(사사건건) : 모든 일. 온갖 사건.
- **山川草木**(산천초목) : 산과 내, 풀과 나무를 뜻한다.
- **山戰水戰**(산전수전) : 산에서의 전투와 물에서의 전투를 다 겪음. 세상일에 경험이 많음.
- **生面不知**(생면부지) : 서로 한 번도 만난 적이 없어서 전혀 모르는 사람.
- **生死苦樂**(생사고락) : 삶과 죽음, 괴로움과 즐거움을 통틀어 일컫는 말.
- **身土不二**(신토불이) : '자기의 몸과 땅은 하나'라는 뜻으로, 태어난 땅에서 난 것이 자기 몸에 맞음.
- **十中八九**(십중팔구) : 열 중에 여덟이나 아홉이 된다는 뜻으로, 거의 확실히 그럴 것이라는 말.
- **愛國愛族**(애국애족) : 자기의 나라와 겨레를 사랑함.
- **弱肉強食**(약육강식) : 약한 놈이 강한 놈에게 먹힘.
- **樂山樂水**(요산요수) : 산을 좋아하고 물을 좋아한다는 뜻.
- **牛耳讀經**(우이독경) : '소 귀에 경 읽기'라는 뜻으로, 아무리 일러도 알아듣지 못함을 이름. =馬耳東風(마이동풍)
- **人命在天**(인명재천) : 사람의 목숨은 하늘에 있다는 뜻으로, 사람이 살고 죽는 것은 어찌할 수 없음을 이르는 말.
- **人事不省**(인사불성) : 정신을 잃고 의식을 모른다는 뜻으로, 사람으로서의 예절을 차리지 못하거나 의식을 잃어서 사람의 일을 알아차리지 못함을 이르는 말.

- **一口二言**(일구이언) : 한 입으로 두 말을 한다는 뜻으로, 말을 이랬다저 랬다 한다는 것.

- **一日三秋**(일일삼추) : 하루가 삼년 같다는 뜻으로, 뭔가를 초조히 기다리는 것.

- **一石二鳥**(일석이조) : 한 개의 돌을 던져 두 마리의 새를 맞추어 떨어뜨리는다는 뜻으로, 한 가지 일을 해서 두 가지 이익을 얻음을 이르는 말.

- **一心同體**(일심동체) : 여러 사람이 한 사람처럼 뜻을 합하여 굳게 결합함을 이르는 말.

- **一長一短**(일장일단) : 장점이 하나 있으면 단점도 하나 있다는 뜻으로, 좋고 나쁨이 있음을 이르는 말.

- **自手成家**(자수성가) : 자기 손으로 스스로 이룬다는 뜻으로, 물려받은 재산 없이 스스로의 힘으로 어엿한 한 살림을 이룩하는 일.

- **自由自在**(자유자재) : 자기 마음대로 할 수 있음.

- **作心三日**(작심삼일) : 한 번 결심한 것이 사흘을 가지 않음을 이르는 말로, 결심이 굳지 못하다는 뜻.

- **電光石火**(전광석화) : 극히 짧은 시간이나 빠른 동작을 비유하는 말.

- **早失父母**(조실부모) : 일찍이 부모를 여의는 것.

- **晝夜長川**(주야장천) : 밤낮으로 쉬지 않고 흐르는 시냇물과 같이 계속 이어짐을 이르는 말.

- **竹馬故友**(죽마고우) : '대나무 말을 타고 놀던 옛 친구'라는 뜻으로, 어릴 때부터 가까이 지내며 자란 친구를 이르는 말.

- **知行合一**(지행합일) : 참 지식은 반드시 실행이 따라야 한다는 말.

- **青山綠水(청산녹수)** : '푸른 산과 푸른 물'이라는 뜻으로, 산골짜기에 흐르는 맑은 물을 이르는 말.
- **青山流水(청산유수)** : '푸른 산에 맑은 물'이라는 뜻으로, 말을 썩 잘하는 것을 비유적으로 이르는 것.
- **淸風明月(청풍명월)** : '맑은 바람과 밝은 달'이라는 뜻으로, 결백하고 온건한 성격을 이르는 말.
- **靑天白日(청천백일)** : 환하고 밝은 대낮.
- **草家三間(초가삼간)** : '세 칸짜리 초가'라는 뜻으로, 아주 보잘것없는 초가를 이르는 말.
- **草綠同色(초록동색)** : '풀과 녹색은 서로 같은 벗'이라는 뜻으로, 같은 처지나 부류의 사람들끼리 함께 행동함을 이르는 말. =類類相從(유유상종)
- **春夏秋冬(춘하추동)** : 봄, 여름, 가을, 겨울.
- **八方美人(팔방미인)** : '어느 방향에서 보아도 아름다운 미인'이라는 뜻으로, 여러 방면의 일에 능통한 사람을 일컫는 말.
- **好衣好食(호의호식)** : 좋은 옷을 입고 좋은 음식을 먹는 것. 잘 입고 잘 먹음을 일컫는 말.

第1回 漢字能力檢定試驗 6級 II 問題誌

※ 다음 漢字語의 讀音을 쓰시오.(1~32)

〈보기〉
漢字 → 한자

(1) 計算
(2) 科學
(3) 農樂
(4) 使命
(5) 分業
(6) 失業
(7) 速記
(8) 草家
(9) 平野
(10) 藥草
(11) 綠色
(12) 計算書
(13) 立夏
(14) 書堂
(15) 勇氣
(16) 言語
(17) 金銀
(18) 農事
(19) 路線
(20) 戰死
(21) 敎室
(22) 理由
(23) 窓門
(24) 體育
(25) 國旗
(26) 交通
(27) 風景
(28) 數學
(29) 記號
(30) 出現
(31) 行事
(32) 名畫

※ 다음 漢字의 訓과 音을 쓰시오.(33~61)

〈보기〉
字 → 글자 자

(33) 強
(34) 堂
(35) 班
(36) 術
(37) 遠
(38) 窓
(39) 苦
(40) 讀
(41) 病
(42) 信
(43) 飮
(44) 親
(45) 果
(46) 光
(47) 愛
(48) 風
(49) 綠
(50) 野

(51) 戰
(52) 明
(53) 朝
(54) 表
(55) 庭
(56) 意
(57) 邑
(58) 勇
(59) 記
(60) 動
(61) 林

※ 뜻이 서로 반대[상대]되는 漢字끼리 연결되지 않은 것을 고르세요.

(62) ① 春 ↔ 秋
　　 ② 出 ↔ 入
　　 ③ 前 ↔ 後
　　 ④ 身 ↔ 體

(63) ① 死 ↔ 社
　　 ② 老 ↔ 少

③ 東 ↔ 西

④ 左 ↔ 右

※ 다음( )에 들어갈 漢字를 보기에서 찾아 그 번호를 쓰시오.(64~65)

〈보기〉
① 作 ② 光 ③ 夜 ④ 家

(64) ( )心三日

(65) 晝( )長川

※ 다음 漢字語의 알맞은 뜻을 쓰세요.(66~67)

(66) 畫室

(67) 開花

※ 다음 밑줄 친 漢字語를 漢字로 쓰시오.(68~77)

〈보기〉
한국 → 韓國

(68) 우리 형제는 사이가 좋다.

(69) 선왕의 뜻을 받들어 훌륭한 정치를 했다.

(70) 제주도에 있는 한라산은 예전에 폭발한 화산이다.

(71) 십중팔구 그가 범인이다.

(72) 학생 수가 적어 합반해서 수업한다.

(73) 우리나라는 남북으로 갈라져 있다.

(74) 십년 동안 변하지 않고 있다.

(75) 나는 수중 생물에 관심이 많다.

(76) 목욕탕에 가면 어린이는 소인 목욕비를 낸다.

(77) 앞집 모녀는 많이 닮았다.

※ ㉠획의 쓰는 순서를 아래에서 골라 그 번호를 쓰시오.(78~80)

(78)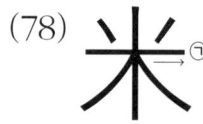

①첫번째 ②세번째
③네번째 ④두번째

(79)

①첫번째 ②두번째
③세번째 ④네번째

(80) 身

①세번째 ②네번째
③두번째 ④다섯번째

第1回 漢字能力檢定試驗 6級 問題紙

※ 다음 漢字語의 讀音을 쓰시오. (1~33)

〈보기〉
漢字 → 한자

(1) 直角
(2) 圖書室
(3) 敎科書
(4) 大雪
(5) 萬世
(6) 新聞
(7) 夏服
(8) 成功
(9) 出席
(10) 男學生
(11) 風習
(12) 樹木
(13) 萬物
(14) 番地
(15) 勝算
(16) 自動
(17) 神童
(18) 愛國
(19) 每日
(20) 地名
(21) 強弱
(22) 陽地
(23) 發明
(24) 反對
(25) 母國
(26) 永遠
(27) 果樹園
(28) 紙面
(29) 米飮
(30) 朝會
(31) 便安
(32) 敎訓
(33) 光速

※ 다음 漢字의 訓과 音을 쓰시오.(34~56)

〈보기〉
字 → 글자 자

(34) 各
(35) 急
(36) 美
(37) 速
(38) 勇
(39) 族
(40) 界
(41) 對
(42) 放
(43) 勝
(44) 油
(45) 淸
(46) 高
(47) 頭
(48) 服
(49) 衣
(50) 球
(51) 社
(52) 藥
(53) 號
(54) 郡
(55) 級
(56) 訓

※ 다음 밑줄 친 漢字語를 漢字로 쓰시오.(57~76)

〈보기〉
한국 → 韓國

(57) 각국 대표들이 회의장에 모였다.
(58) 학교에서 점심식사를 한다.
(59) 박경리 선생님은 문학에 한 평생을 바쳤다.
(60) 그 결정을 앞두고 인간적인 고뇌를 느꼈다.
(61) 에디슨은 전기를 발명했다.
(62) 방학기간 중에 부족한 과목을 보충해야 한다.

(63) 시장에서 여러 가지 물건을 구입했다.

(64) 오늘 오후에 공원에서 만나기로 약속했다.

(65) 음악 수업 시간이 제일 즐겁다.

(66) 보람이는 미술 영재 교육원에서 공부한다.

(67) 증조부 할아버지는 서예의 대가시다.

(68) 할아버지, 올해 춘추가 어떻게 되십니까?

(69) 어린 시절을 외가와 친가를 오가며 지냈다.

(70) 매일 아침마다 공원에서 간단한 체조를 했다.

(71) 정상에 올라 바라보는 풍경이 등산의 묘미다.

(72) 주말에 부모님과 함께 여행을 다녀왔다.

(73) 어릴적 꿈은 선생님이 되어 아이들을 가르치는 것이었다.

(74) 집에 들어오면 대문을 잘 잠그는 것이 좋다.

(75) 수업이 끝난 빈 교실에서 친구들과 한참동안 이야기를 나누다 집으로 돌아갔다.

(76) 흑설탕은 흑색이고, 백설탕은 백색이다.

※ 다음 漢字의 反對字 또는 相對字를 골라 번호를 쓰시오.(77~78)

(77) 多 : ①計 ②少 ③路 ④小

(78) 短 : ①明 ②陽 ③長 ④多

※ 다음( )에 들어갈 漢字를 보기에서 찾아 그 번호를 쓰시오.(79~80)

〈보기〉
①中　②明　③愛　④樂

(79) 公( )正大

(80) 同苦同( )

※ 다음 漢字와 뜻이 비슷한 漢字를 골라 그 번호를 쓰시오.(81~82)

(81) 界: ① 社 ② 區 ③ 半 ④ 春
(82) 根: ① 集 ② 會 ③ 本 ④ 對

※ 다음 漢字와 음이 같은 漢字를 골라 그 번호를 쓰시오.(83~85)

(83) 高: ① 敎 ② 京 ③ 苦 ④ 度
(84) 利: ① 路 ② 理 ③ 老 ④ 聞
(85) 新: ① 算 ② 始 ③ 兄 ④ 信

※ 다음 뜻을 가진 漢字를 쓰시오.(86~87)

〈보기〉
쉬는날 → 休日

(86) 살아서 활동함 →(　)
(87) 학생을 가르치는 교육 기관 →(　)

※ ㉠획의 쓰는 순서를 아래에서 골라 그 번호를 쓰시오.(88~90)

(88) 多㉠

① 세번째　　② 네번째
③ 다섯번째　④ 여섯번째

(89) 部㉠

① 아홉번째　② 열번째
③ 열한번째　④ 열두번째

(90) 永㉠

① 세번째　　② 네번째
③ 다섯번째　④ 여섯번째

第2回 漢字能力檢定試驗 6級 問題誌

※ 다음 漢字語의 讀音을 쓰시오.(1~33)

〈보기〉
漢字 → 한자

(1) 高級
(2) 讀者
(3) 正直
(4) 始球
(5) 神話
(6) 植木
(7) 感氣
(8) 夜光
(9) 洋食
(10) 溫度
(11) 學校
(12) 素朴
(13) 遠心力
(14) 便紙
(15) 別名
(16) 注意
(17) 童話
(18) 少數
(19) 親庭
(20) 晝間
(21) 病室
(22) 發電
(23) 室外
(24) 太陽
(25) 醫術
(26) 表現
(27) 黃海
(28) 老後
(29) 面會
(30) 形成
(31) 電工
(32) 和平
(33) 畫家

※ 다음 漢字의 訓과 音을 쓰시오.(34~56)

〈보기〉
字 → 글자 자

(34) 感
(35) 短
(36) 反
(37) 樹
(38) 運
(39) 注
(40) 計
(41) 圖
(42) 番
(43) 神
(44) 銀
(45) 體
(46) 功
(47) 樂
(48) 使
(49) 醫
(50) 禮
(51) 書
(52) 陽
(53) 根
(54) 聞
(55) 黃
(56) 第

※ 다음 밑줄 친 漢字語를 漢字로 쓰시오.(57~76)

〈보기〉
한국 → 韓國

(57) 젊은이들이 <u>농촌</u>을 등지고 도시로 떠난다.

(58) 동생은 내년에 초등학교에 <u>입학</u>합니다.

(59) 집에서는 <u>편안</u>한 옷차림을 하고 있다.

(60) <u>금년</u>에는 유난히 눈과 비가 많이 내린다.

(61) 앉을 <u>공간</u>을 늘렸다.

(62) 조회 시간에 운동장에 모여 <u>교가</u>를 불렀다.

(63) 연금 제도는 <u>노후</u> 복지를 위한 것이다.
(64) 사장님은 <u>매사</u>를 너무 쉽게 생각한다.
(65) <u>사월</u> 오일은 나무를 심는 날이다.
(66) 아버지께서 손수 마당에 있는 <u>화초</u>를 가꾸신다.
(67) 나의 꿈은 유명한 <u>연예</u>인이 되는 것이다.
(68) 그는 <u>선천</u>적으로 몸이 약해서 운동을 즐기지 않는다.
(69) <u>청년</u>들이 직업을 찾는데 많은 어려움을 겪고 있다.
(70) <u>식전</u>에 군것질을 하면 밥맛이 떨어진다.
(71) <u>출세</u>하기 전까지는 고향집에 돌아갈 수 없다.
(72) 많은 <u>시민</u>들이 시청 앞에 모여서 월드컵 축구 응원을 했다.
(73) 지난 여름에는 <u>강촌</u>에서 물고기를 잡았다.
(74) 찬 바람이 들어오니 <u>출입</u>시에는 문을 꼭 닫도록 한다.
(75) 영화 속에서 감동적인 <u>장면</u>을 보고 눈물을 흘렸다.
(76) 위험하니 <u>차도</u>에서는 장난을 치면 안된다.

※ 다음 漢字의 反對字 또는 相對字를 골라 번호를 쓰시오.(77~78)

(77) 近 : ① 遠 ② 根 ③ 成 ④ 米
(78) 大 : ① 洋 ② 身 ③ 少 ④ 小

※ 다음 ( )에 들어갈 漢字를 보기에서 찾아 그 번호를 쓰시오.(79~80)

〈보기〉
① 言 ② 勝 ③ 骨 ④ 水

(79) 百戰百( )
(80) 樂山樂( )

※ 다음 漢字와 뜻이 비슷한 漢字를 골라 그 번호를 쓰시오.(81~82)

(81) 度: ① 同 ② 式 ③ 公 ④ 發
(82) 班: ① 學 ② 面 ③ 理 ④ 分

※ 다음 漢字와 음이 같은 漢字를 골라 그 번호를 쓰시오.(83~85)

(83) 公: ① 高 ② 功 ③ 等 ④ 行
(84) 米: ① 利 ② 堂 ③ 美 ④ 窓
(85) 陽: ① 英 ② 洋 ③ 夜 ④ 身

※ 다음 뜻을 가진 漢字를 쓰시오.(86~87)

〈보기〉
쉬는 날 → 休日

(86) 바람이 부는 속도 → (   )
(87) 행복한 운수 → (   )

※ ㉠획의 쓰는 순서를 아래에서 골라 그 번호를 쓰시오.(88~90)

(88) 路
①다섯번째 ②일곱번째
③여섯번째 ④여덟번째

(89) 始
①두번째 ②첫번째
③세번째 ④네번째

(90) 現
①두번째 ②네번째
③세번째 ④다섯번째

수험번호 ☐☐☐-☐☐-☐☐☐☐☐   성명 ☐☐☐☐☐
주민등록번호 ☐☐☐☐☐☐-☐☐☐☐☐☐☐   ※ 유성 싸인펜, 붉은색 필기구 사용 불가.

※답안지는 컴퓨터로 처리되므로 구기거나 더럽히지 마시고, 정답 칸 안에만 쓰십시오.
 글씨가 채점란으로 들어오면 오답처리가 됩니다.

제1회 전국한자능력검정시험 6급Ⅱ 답안지(1)

답안란		채점란		답안란		채점란		답안란		채점란	
번호	정답	1검	2검	번호	정답	1검	2검	번호	정답	1검	2검
1				13				25			
2				14				26			
3				15				27			
4				16				29			
5				17				29			
6				18				30			
7				19				31			
8				20				32			
9				21				33			
10				22				34			
11				23				35			
12				24				36			

감독위원	채점위원(1)		채점위원(2)		채점위원(3)	
(서명)	(득점)	(서명)	(득점)	(서명)	(득점)	(서명)

제1회 전국한자능력검정시험 6급 II 답안지(2)

번호	답안란 정답	채점란 1검	채점란 2검	번호	답안란 정답	채점란 1검	채점란 2검	번호	답안란 정답	채점란 1검	채점란 2검
37				53				69			
38				54				70			
39				55				71			
40				56				72			
41				57				73			
42				58				74			
43				59				75			
44				60				76			
45				61				77			
46				62				78			
47				63				79			
48				64				80			
49				65							
50				66							
51				67							
52				68							

※본 답안지는 컴퓨터로 처리되므로 구겨지거나 더럽혀지지 않도록 조심하시고 글씨를 칸 안에 또박또박 쓰십시오.

수험번호 □□□-□□-□□□□   성명 □□□□□
주민등록번호 □□□□□□-□□□□□□□   ※ 유성 싸인펜, 붉은색 필기구 사용 불가.

※ 답안지는 컴퓨터로 처리되므로 구기거나 더럽히지 마시고, 정답 칸 안에만 쓰십시오.
  글씨가 채점란으로 들어오면 오답처리가 됩니다.

제1회 전국한자능력검정시험 6급 답안지(1)

번호	정답	1검	2검	번호	정답	1검	2검	번호	정답	1검	2검
1				15				29			
2				16				30			
3				17				31			
4				18				32			
5				19				33			
6				20				34			
7				21				35			
8				22				36			
9				23				37			
10				24				38			
11				25				39			
12				26				40			
13				27				41			
14				28				42			

감독위원	채점위원(1)		채점위원(2)		채점위원(3)	
(서명)	(득점)	(서명)	(득점)	(서명)	(득점)	(서명)

※본 답안지는 컴퓨터로 처리되므로 구겨지거나 더럽혀지지 않도록 조심하시고 글씨를 칸 안에 또박또박 쓰십시오.

제1회 전국한자능력검정시험 6급 답안지(2)

번호	답안란 정답	채점란 1검	2검	번호	답안란 정답	채점란 1검	2검	번호	답안란 정답	채점란 1검	2검
43				59				75			
44				60				76			
45				61				77			
46				62				78			
47				63				79			
48				64				80			
49				65				81			
50				66				82			
51				67				83			
52				68				84			
53				69				85			
54				70				86			
55				71				87			
56				72				88			
57				73				89			
58				74				90			

수험번호 ☐☐☐-☐☐-☐☐☐☐   성명 ☐☐☐☐☐
주민등록번호 ☐☐☐☐☐☐-☐☐☐☐☐☐☐   ※ 유성 싸인펜, 붉은색 필기구 사용 불가.

※ 답안지는 컴퓨터로 처리되므로 구기거나 더럽히지 마시고, 정답 칸 안에만 쓰십시오.
  글씨가 채점란으로 들어오면 오답처리가 됩니다.

제2회 전국한자능력검정시험 6급 답안지(1)

번호	정답 (답안란)	1검	2검	번호	정답 (답안란)	1검	2검	번호	정답 (답안란)	1검	2검
1				15				29			
2				16				30			
3				17				31			
4				18				32			
5				19				33			
6				20				34			
7				21				35			
8				22				36			
9				23				37			
10				24				38			
11				25				39			
12				26				40			
13				27				41			
14				28				42			

감독위원	채점위원(1)		채점위원(2)		채점위원(3)	
(서명)	(득점)	(서명)	(득점)	(서명)	(득점)	(서명)

제2회 전국한자능력검정시험 6급 답안지(2)

번호	정답	1검	2검	번호	정답	1검	2검	번호	정답	1검	2검
43				59				75			
44				60				76			
45				61				77			
46				62				78			
47				63				79			
48				64				80			
49				65				81			
50				66				82			
51				67				83			
52				68				84			
53				69				85			
54				70				86			
55				71				87			
56				72				88			
57				73				89			
58				74				90			

실전 모의고사 정답

6급ǁ 모의고사 1회 정답

(1) 계산
(2) 과학
(3) 농악
(4) 사명
(5) 분업
(6) 실업
(7) 속기
(8) 초가
(9) 평야
(10) 약초
(11) 녹색
(12) 계산서
(13) 입하
(14) 서당
(15) 용기
(16) 언어
(17) 금은
(18) 농사
(19) 노선
(20) 전사
(21) 교실
(22) 이유
(23) 창문
(24) 체육
(25) 국기
(26) 교통
(27) 풍경
(28) 수학
(29) 기호
(30) 출현
(31) 행사
(32) 명화
(33) 강할 강
(34) 집 당
(35) 나눌 반
(36) 재주 술
(37) 멀 원
(38) 창 창
(39) 쓸 고
(40) 읽을 독/구절 두
(41) 병 병
(42) 믿을 신
(43) 마실 음
(44) 친할 친
(45) 실과·열매 과
(46) 빛 광
(47) 사랑 애
(48) 바람 풍
(49) 푸를 록
(50) 들 야
(51) 싸움 전
(52) 밝을 명
(53) 아침 조
(54) 겉 표
(55) 뜰 정
(56) 뜻 의
(57) 고을 읍
(58) 날랠 용
(59) 기록할 기
(60) 움직일 동
(61) 수풀 림
(62) ④
(63) ①
(64) ①
(65) ③
(66) 화가가 그림을 그리는 작업실
(67) 꽃이 핌
(68) 兄弟
(69) 先王
(70) 火山
(71) 八九
(72) 學生
(73) 南北
(74) 十年
(75) 水中
(76) 小人
(77) 母女
(78) ②
(79) ④
(80) ①

6급 모의고사 1회 정답

(1) 직각
(2) 도서실
(3) 교과서
(4) 대설
(5) 만세
(6) 신문
(7) 하복
(8) 성공
(9) 출석
(10) 남학생
(11) 풍습
(12) 수목
(13) 만물
(14) 번지
(15) 승산
(16) 자동
(17) 신동
(18) 애국
(19) 매일
(20) 지명
(21) 강약
(22) 양지
(23) 발명
(24) 반대
(25) 모국
(26) 영원
(27) 과수원
(28) 지면
(29) 미음
(30) 조회
(31) 편안
(32) 교훈
(33) 광속
(34) 각각 각
(35) 급할 급
(36) 아름다울 미
(37) 빠를 속
(38) 날랠 용
(39) 겨레 족
(40) 지경 계
(41) 대할 대
(42) 놓을 방
(43) 이길 승
(44) 기름 유
(45) 맑을 청
(46) 높을 고
(47) 머리 두
(48) 옷 복
(49) 옷 의

(50) 공 구
(51) 모일 사
(52) 약 약
(53) 이름 호
(54) 고을 군
(55) 등급 급
(56) 가르칠 훈
(57) 各國
(58) 食事
(59) 文學
(60) 人間

(61) 電氣
(62) 不足
(63) 市場
(64) 午後
(65) 時間
(66) 敎育
(67) 大家
(68) 春秋
(69) 外家
(70) 每日
(71) 登山

(72) 父母
(73) 先生
(74) 大門
(75) 敎室
(76) 白色
(77) ②
(78) ③
(79) ②
(80) ④
(81) ②
(82) ③

(83) ③
(84) ②
(85) ④
(86) 生活
(87) 學校
(88) ③
(89) ③
(90) ②

6급 모의고사 2회 정답

(1) 고급
(2) 독자
(3) 정직
(4) 시구
(5) 신화
(6) 식목
(7) 감기
(8) 야광
(9) 양식
(10) 온도
(11) 학교
(12) 소박
(13) 원심력
(14) 편지
(15) 별명
(16) 주의
(17) 동화
(18) 소수
(19) 친정
(20) 주간
(21) 병실

(22) 발전
(23) 실외
(24) 태양
(25) 의술
(26) 표현
(27) 황해
(28) 노후
(29) 면회
(30) 형성
(31) 전공
(32) 화평
(33) 화가
(34) 느낄 감
(35) 짧을 단
(36) 돌이킬 · 돌아올 반
(37) 나무 수
(38) 옮길 운
(39) 부을 주
(40) 셀 계
(41) 그림 도
(42) 차례 번
(43) 귀신 신
(44) 은 은

(45) 몸 체
(46) 공 공
(47) 즐길 락
(48) 하여금 · 부릴 사
(49) 의원 의
(50) 예도 례
(51) 글 서
(52) 볕 양
(53) 뿌리 근
(54) 들을 문
(55) 누를 황
(56) 차례 제
(57) 農村
(58) 入學
(59) 便安
(60) 今年
(61) 空間
(62) 校歌
(63) 老後
(64) 每事
(65) 四月
(66) 花草
(67) 有名
(68) 先天

(69) 靑年
(70) 食前
(71) 出世
(72) 市民
(73) 江村
(74) 出入
(75) 場面
(76) 車道
(77) ①
(78) ④
(79) ②
(80) ④
(81) ②
(82) ④
(83) ②
(84) ③
(85) ②
(86) 風速
(87) 幸運
(88) ①
(89) ③
(90) ②